Filíocht Ghrá na Gaeilge
Love Poems in Irish

Cnuasach de dhánta Gaeilge ar théama an ghrá mar aon
le haistriúcháin i mBéarla

A collection of love poems in Irish with translations in English

Eagarthóir / Editor: Ciarán Mac Murchaidh
Maisitheoir / Illustrator: Anna Nielsen

Tá Cois Life buíoch de Bhord na Leabhar Gaeilge (Foras na Gaeilge) agus den Chomhairle Ealaíon as a gcúnamh.
An chéad chló 2008 © Ciarán Mac Murchaidh agus na húdair
ISBN 978-1-901176-86-5
Clúdach agus dearadh: Anna Nielsen, Alan Keogh
Clódóirí: Nicholson & Bass Ltd.
www.coislife.ie

Do Karen a fhulaingíonn cuid mhór
For Karen, who puts up with a lot

Clár / Contents

Dánta / Poems	vi
Admhálacha / Acknowledgements	xii
Brollach	xviii
Aistriúcháin	xix
Buíochas	xx
Preface	xxi
Translations	xxii
Editor's Acknowledgements	xxiii
Réamhrá	xxiv
Introduction	xxxi
Leabharliosta / Bibliography	xxxviii
Giorrúcháin / Abbreviations	xli

Na Dánta

800–1400

1.	It é saigte gona súain / The lament of Créide	2
2.	Cen áinius / Liadain tells of her love for Cuirithir	6
3.	Masu oenadaig as-bir / Ordeal by cohabitation	10
4.	Fil duine / Gráinne speaks of Díarmait	12
5.	Etan / Blonde Etan	14
6.	Cride hé / Young lad	15
7.	Is é mo shámud re mnái / Advice to lovers *Scandlán Mór*	16
8.	Cotail becán / Díarmait's sleep	18
9.	M'anam do sgar riomsa araoir / The dead wife *Muireadhach Albanach Ó Dálaigh*	24
10.	Mairg adeir olc ris na mnáibh / Woe to him who slanders women *Gearóid, Iarla Dheasmhumhan*	31

1400–1700

11.	Ná bí dom buaidhreadh, a bhean / My lady, stop tormenting me *Ní fios cé a chum / Author unknown*	36
	Taisigh agad féin do phóg/ Keep your kisses *Ní fios cé a chum / Author unknown*	40
	is, a litir, ná léig sgís/ Go, letter, rest not on your way *cé a chum / Author unknown*	42
	ú ná a cuideachta / Swifter than greyhound *chum / Author unknown*	46
	éanadh éad / His jealousy is misplaced */ Author unknown*	48

16.	Cumann do cheangail an corr/ The heron and the fox *Ní fios cé a chum / Author unknown*	50
17.	A bhean atá lán dom fhuath/ Woman who hates me so much *Ní fios cé a chum / Author unknown*	52
18.	Meabhraigh mo laoidh chumainn-se/ Take my song of love to heart *Ní fios cé a chum / Author unknown*	56
19.	'Sí mo ghrádh/ She is my love *Ní fios cé a chum / Author unknown*	59
20.	Ní truagh galar acht grádh falaigh/ No sickness worse than secret love *Ní fios cé a chum / Author unknown*	62
21.	Aoibhinn, a leabhráin, do thriall/ My little book, I envy you your lot *Ní fios cé a chum / Author unknown*	66
22.	A bhean fuair an falachán / Lady of shrouding hair *Ní fios cé a chum / Author unknown*	70
23.	Ní bhfuighe mise bás duit / I will not die for you *Ní fios cé a chum / Author unknown*	74
24.	Léig díot t'airm, a mhacaoimh mná/ I charge you, lady young and fair *Piaras Feiritéar*	78
25.	Dar liom, is galar é an grádh / Love, I think, is a disease *Maghnas Ó Domhnaill*	82
26.	Cridhe lán do smuaintighthibh / A heart made full of thought *Maghnas Ó Domhnaill*	84
27.	Goirt anocht dereadh mo sgéal / A famished end to my tale this night *Maghnas Ó Domhnaill*	86
28.	Tuirseach sin, a mhacaoimh mná / The sorrowful lady *Laoiseach Mac an Bhaird*	88
29.	Och! Och! A Mhuire bhúidh / O Virgin Mother above *Domhnall Mac Cárthaigh*	9

30.	Congaibh ort, a mhacaoimh mná / My young woman, mind yourself *Eochaidh Ó hEódhusa*	98
31.	Mairg darab galar an grádh / Woe to one that's plagued with love *Isibeul Ní Mhic Cailin*	102
32.	Is aoibhinn duit, a dhuine dhuill / To a blind man *Uilliam Ruadh*	104
33.	A bhean lán de stuaim / O woman skilled in amorous trick *Séathrún Céitinn*	106
34.	Soraidh slán don oidhche aréir / The vanished night *Niall Mór Mac Muireadhaigh*	110
35.	Do Mháire Tóibín / To Mary Tobin *Pádraigín Haicéad*	114
36.	Fada ar gcothrom ó chéile / My love from me is far apart *Cearbhall Ó Dálaigh*	118
37.	Úna Bhán / Fair Úna *Tomás Láidir Mac Coisdealbha*	120
38.	Ó thugas mo ghrá dhuit / Since I gave you my love *Úna Ní Bhroin*	124

⁀ – 1 9 0 0

	⁀ mhómhar / Modest Molly *Buí Mac Giolla Gunna*	128
	⁀héin Mhic Cáinte / The hill of Cian Mac Cáinte ⁀irnín	134
	⁀ill / Castle O'Neill *⁀ditional*	140

42.	A ógánaigh an chúil cheangailte / O youth of the loose-bound hair	142
	Traidisiúnta / Traditional	
43.	Máirín de Barra / Máirín de Barra	146
	Traidisiúnta / Traditional	
44.	Caoineadh Liam Uí Raghallaigh / Liam O'Reilly's lament	150
	Micheál Mag Raith	
45.	An goirtín eornan / The little barley field	154
	Traidisiúnta / Traditional	
46.	Caoineadh Airt Uí Laoghaire [sleachta] / The lament for Art Ó Laoghaire [excerpts]	156
	Eibhlín Dubh Ní Chonaill	
47.	Dónall Óg/ Dónall Óg	167
	Traidisiúnta / Traditional	
48.	An clár bog déil / The soft deal board	173
	Traidisiúnta / Traditional	
49.	A bhuachaill an chúil dualaigh / O youth with the ringlets	175
	Traidisiúnta / Traditional	
50.	Sail Óg Rua / Sail Óg Rua	179
	Seán Mac Aoidh	
51.	An Búrcach / The young Burke	183
	Máire Bhuí Ní Laoghaire	
52.	An pósadh brónach / A missed opportunity	187
	Traidisiúnta / Traditional	
53.	An pósadh fuafar / Disappointment in love	190
	Traidisiúnta / Traditional	
54.	Dánfhocail / Epigrams	194
	Ní fios cé a chum / Authors unknown	

1900 –

55.	A chinn álainn / O fair head	202
	Pádraig Mac Piarais	
56.	Do mhnaoi nach luaifead / For a woman whose name I shall not utter	204
	Máirtín Ó Direáin	
57.	An seanghalar / The old affliction	206
	Máire Mhac an tSaoi	
58.	A fhir dar fhulaingeas / A secret love	210
	Máire Mhac an tSaoi	
59.	Impí / Entreaty	214
	Caitlín Maude	
60.	Aimhréidh / Entanglement	220
	Caitlín Maude	
61.	Dán do Rosemary / Poem for Rosemary	224
	Michael Hartnett	
62.	Tóraíocht / The search	228
	Gabriel Rosenstock	
63.	Póga / Kisses	234
	Michael Davitt	
64.	Páirc Herbert / Herbert Park	236
	Michael Davitt	
65.	Amhrán / Song	238
	Liam Ó Muirthile	
66.	Teanga an ghrá / The language of love	240
	Liam Ó Muirthile	
67.	Leaba Shíoda / Labaheeda	244
	Nuala Ní Dhomhnaill	

68.	Oileán / Island	249
	Nuala Ní Dhomhnaill	
69.	Mé sa ghluaisteán leat / In the car with you	253
	Rita Kelly	
70.	Is bronntanas na maidine thú / You are morning's gift	255
	Rita Kelly	
71.	Níl aon ní / Nothing, my love	259
	Cathal Ó Searcaigh	
72.	Ceann dubh dílis / My dark-haired love	263
	Cathal Ó Searcaigh	
73.	Uabhar an iompair / Pride of bearing	265
	Louis de Paor	
74.	Scáilbhean / Shadow-woman	269
	Colm Breathnach	
75.	An grá / Love	273
	Colm Breathnach	
76.	An chloch leighis / The healing stone	276
	Gearóid Mac Lochlainn	

Admhálacha / Acknowledgements

Bunleaganacha Gaeilge / Irish originals

Foilsítear Dán 1 'It é saigte gona súain', Dán 2 'Cen áinius', Dán 4 'Fil duine' agus Dán 8 'Cotail becán', as *Early Irish Lyrics: Eighth – Twelfth Century* (Baile Átha Cliath, 1998), le caoinchead Four Courts Press.

Is le caoinchead Bhord Rialúcháin Scoil an Léinn Cheiltigh, Institiúid Ard-Léinn Bhaile Átha Cliath a fhoilsítear na dánta seo a leanas:
As Osborn Bergin (eag.) *Irish Bardic Poetry* (Baile Átha Cliath, 1984), Dán 9 'M'anam do sgar riomsa araoir'.
As Pádraig de Brún et al. (eag.) *Nua-Dhuanaire I* (Baile Átha Cliath, 1975), Dán 20 'Ní truagh galar ach grádh falaigh', Dán 33 'A bhean lán de stuaim', Dán 42 'A ógánaigh an chúil cheangailte', Dán 45 'An goirtín eornan', Dán 47 'Dónall Óg' agus Dán 48 'An clár bog déil'.
As Breandán Ó Buachalla (eag.) *Nua-Dhuanaire II* (Baile Átha Cliath, 1976), Dán 40 'Úrchnoc Chéin Mhic Cáinte'.
As Tomás Ó Concheanainn (eag.) *Nua-Dhuanaire III* (Baile Átha Cliath, 1978), Dán 41 'Caisleán Uí Néill' agus Dán 44 'Caoineadh Liam Uí Raghallaigh'.

Dán 10 'Mairg adeir olc ris na mnáibh', Dán 11 'Ná bí dom buaidhreadh, a bhean', Dán 12 'Taisigh agad féin do phóg', Dán 13 'Gluais, a litir, ná léig sgís', Dán 14 'Luaithe cú ná a cuideachta', Dán 15 'Abair leis ná déanadh éad', Dán 16 'Cumann do cheangail an corr', Dán 17 'A bhean atá lán dom fhuath', Dán 18 'Meabhraigh mo laoidh chumainn-se', Dán 19 ''Sí mo ghrádh', Dán 21 'Aoibhinn, a leabhráin, do thriall', Dán 22 'A bhean fuair an falachán', Dán 23 'Ní bhfuighe mé bás duit', Dán 24 'Léig díot t'airm, a mhacaoimh mná', Dán 25 'Dar liom is galar é an grádh', Dán 26 'Crídhe lán do smuaintighthibh', Dán 27 'Goirt anocht dereadh mo sgéal', Dán 28 'Tuirseach sin, a mhacaoimh mná', Dán 30 'Congaibh ort, a mhacaoimh mná', Dán 31 'Mairg darab galar an grádh', Dán 32 'Is aoibhinn duit, a dhuine dhuill' and Dán 36 'Fada ar gcothrom ó chéile' from *Dánta Grádha: Anthology of Irish Love Poetry 1350-1750*, Copyright © Thomas F. O'Rahilly (ed.) are reproduced with the permission of Cork University Press, Youngline Industrial Estate, Pouladuff Road, Togher, Cork, Ireland.

As Angela Bourke (eag. gin.) *The Field Day Anthology of Irish Writing: Irish Women's Writing and Traditions iv* (Corcaigh, 2002): Dán 38 'Ó thugas mo ghrá dhuit, mo lámh is mo ghealladh'.

Is le caoinchead An Gúm, Foras na Gaeilge, a fhoilsítear na dánta seo a leanas:
As Breandán Ó Conaire (eag.) *Éigse: Duanaire Nua na hArdteistiméireachta* (Baile Átha Cliath, 1974), Dán 29 'Och! Och! A Mhuire bhúidh', Dán 34 'Soraidh slán don oidhche aréir' agus Dán 43 'Máirín de Barra'.
As Énrí Ó Muirgheasa (eag.) *Dhá Chéad de Cheoltaibh Uladh* (Baile Átha Cliath, 1974), Dán 52 'An pósadh brónach' agus Dán 53 'An pósadh fuafar'.

Is le caoinchead An Clóchomhar a fhoilsítear na dánta seo a leanas:
As Máire Ní Cheallacháin (eag) *Filíocht Phádraigín Haicéad* (Baile Átha Cliath, 1962): Dán 35 'Do Mháire Tóibín'.
As Breandán Ó Buachalla (eag.) *Cathal Buí: Amhráin* (Baile Átha Cliath, 1975): Dán 39 'Mailí mhómhar'.
As Seán Ó Tuama (eag.) *Caoineadh Airt Uí Laoghaire* (Baile Átha Cliath, 1979): Dán 46 'Caoineadh Airt Uí Laoghaire' [sleachta].
As Ciarán Ó Coigligh (eag.) *Filíocht Ghaeilge Phádraig Mhic Phiarais* (Baile Átha Cliath, 1981): Dán 55 'A chinn álainn'.
As *Máirtín Ó Direáin: Dánta 1939-1979* (Baile Átha Cliath, 1980): Dán 56 'Do mhnaoi nach luaifead'.
As Gabriel Rosenstock, *Om* (Baile Átha Cliath, 1983): Dán 62 'Tóraíocht'.

Is le caoinchead an Dr Brian O'Rourke a fhoilsítear na dánta seo a leanas:
As *Pale Rainbow* (Baile Átha Cliath, 1990): Dán 37 'A Úna Bhán' agus Dán 50 'Sail Óg Rua'.

Is le caoinchead Mháire Mhac an tSaoi a fhoilsítear na dánta seo a leanas:
As *Margadh na Saoire* (Baile Átha Cliath, 1956): Dán 57 'An seanghalar' agus Dán 58 'A fhir dar fhulaingeas'.

Is le caoinchead Chathail Uí Luain a fhoilsítear na dánta seo a leanas le Caitlín Maude:
As Ciarán Ó Coigligh (eag.), *Caitlín Maude: Dánta, Drámaíocht, agus Prós* (Baile Átha Cliath, 2005): Dán 59 'Impí' agus Dán 60 'Aimhréidh'.

Foilsítear na dánta seo a leanas le caoinchead Peter Fallon agus The Gallery Press:
As Michael Hartnett, *Adharca Broic* (Oldcastle, 1978): Dán 61 'Dán do Rosemary'.
As Nuala Ní Dhomhnaill, *Pharaoh's Daughter* (Oldcastle, 1990): Dán 68 'Oileán'.

Is le caoinchead Moira Sweeney a fhoilsítear na dánta seo a leanas le Michael Davitt:
As *Fardoras* (Indreabhán, 2003): Dán 63 'Póga'.
As *Dánta 1966-1998* (Baile Átha Cliath, 2004): Dán 64 'Páirc Herbert'.

Is le caoinchead Liam Uí Mhuirthile a fhoilsítear na dánta seo a leanas:
As *Tine Cnámh* (Baile Átha Cliath, 1984): Dán 65 'Amhrán'.
As *Sanas* (Baile Átha Cliath, 2007): Dán 66 'Teanga an ghrá'.

Is le caoinchead Nuala Ní Dhomhnaill a fhoilsítear an dán seo a leanas:
As *An Dealg Droighin* (Baile Átha Cliath, 1981): Dán 67 'Leaba Shíoda'.

Is le caoinchead Rita Kelly a fhoilsítear na dánta seo a leanas:
As *Fare Well: Beir Beannacht* (Baile Átha Cliath, 1990): Dán 69 'Mé sa ghluaisteán leat' agus Dán 70 'Is bronntanas na maidine thú'.

Is le caoinchead Chló Iar-Chonnachta agus Chathail Uí Shearcaigh a fhoilsítear na dánta seo a leanas:
As *Ag Tnúth leis an tSolas* (Indreabhán, 2001): Dán 71 'Níl aon ní'.
As *An Bealach 'na Bhaile* (Indreabhán, 1993): Dán 72 'Ceann dubh dílis'.

Is le caoinchead Chló Iar-Chonnachta agus Louis de Paor a fhoilsítear an dán seo a leanas:
As *Ag Greadadh Bás sa Reilig* (Indreabhán, 2005): Dán 73 'Uabhar an iompair'.

Is le caoinchead ó Cholm Breathnach a fhoilsítear na dánta seo a leanas:
As *Scáthach* (Baile Átha Cliath, 1994): Dán 74 'Scáilbhean'.
As *Croí agus Carraig* (Baile Átha Cliath, 1995): Dán 75 'An grá'.

Is le caoinchead Ghearóid Mhic Lochlainn a fhoilsítear an dán seo a leanas:
As *Sruth Teangacha: Stream of Tongues* (Indreabhán, 2002): Dán 76 'An chloch leighis'.

Aistriúcháin / Translations

The following translations are taken from *Early Irish Lyrics: Eighth – Twelfth Century* (Dublin, 1998) and reproduced with the kind permission of Four Courts Press:
Poem 1 'The lament of Créide', Poem 2 'Liadain tells of her love for Cuirithir', Poem 4 'Gráinne speaks of Díarmait' and Poem 8 'Díarmait's sleep'.

Poem 3 'Ordeal by cohabitation' and Poem 5 'Blonde Etan' translations by Frank O'Connor from *A Golden Treasury of Irish Poetry* (© Frank O'Connor 1967) are reproduced by permission of PFD (www.pfd.co.uk) on behalf of the Estate of Frank O'Connor.
Poem 7 'Advice to Lovers' translation by Frank O'Connor from *The Little Monasteries* (© Frank O'Connor 1963) is reproduced by permission of PFD (www.pfd.co.uk) on behalf of the Estate of Frank O'Connor.
Poem 34 'The vanished night' translation by Frank O'Connor from *Kings, Lords, & Commons* (© Frank O'Connor 1959) is reproduced by permission of PFD (www.pfd.co.uk) on behalf of the Estate of Frank O'Connor.

The translation of Poem 9, 'The dead wife', is taken from Osborn Bergin (ed.) *Irish Bardic Poetry* (Dublin, 1984) and reproduced here with the kind permission of the Governing Board of the School of Celtic Studies, Dublin Institiute for Advanced Studies.

The following translations are reproduced here with the kind permission of Thomas Kinsella:
From Seán Ó Tuama & Thomas Kinsella, *An Duanaire: Poems of the Dispossessed* (Dublin, 1981): Poem 5 'Take my song of love to heart', Poem 46 'The lament for Art Ó Laoghaire [excerpts].
From *The Oxford Book of Irish Verse:* Poem 10 'Woe to him who slanders women', Poem 20 'No sickness worse than secret love', Poem 22 'Lady of shrouding hair', Poem 23 'I will not die for you', Poem 25 'Love, I think, is a disease', Poem 26 'A heart made full of thought', Poem 27 'A famished end to my tale this night'.

The following poems are reproduced here with the kind permission of Thomas Pakenham on behalf of the estate of Lord Longford:
From *Poems from the Irish* (Dublin, 1944): Poem 12 'Keep your kisses', Poem 13 'Go, letter, rest not on your way', Poem 14 'Swifter than greyhound', Poem 19 'She is my love', Poem 21 'My little book, I envy you your lot', Poem 24 'I charge you, lady young and fair', Poem 28 'The sorrowful lady', Poem 29 'O Virgin Mother above', Poem 31 'Woe to one that's plagued with love', Poem 36 'My love from me is far apart'.
From *More Poems from the Irish* (Dublin, 1945): Poem 11 'My lady, stop tormenting me', Poem 16 'The heron and the fox', Poem 32 'To a blind man'.
From *The Dove in the Castle* (Dublin, 1946): Poem 33 'O woman skilled in amorous trick'.

The following translations are published here with the kind permission of Augustus Young:
From *Dánta Grádha: Love Poems from the Irish (AD 1350-1750)* (London, 1975): Poem 15 'His jealousy is misplaced', Poem 17 'Woman who hates me so much', Poem 30 'My young woman, mind yourself'.

The following translation is published with the kind permission of Peter Fallon and The Gallery Press:
From Michael Hartnett, *Haicéad*, (Oldcastle, 1993): Poem 35 'To Mary Tobin'.

The following translations are published here with the kind permission of Dr Brian O'Rourke:
From *Pale Rainbow* (Dublin, 1990): Poem 37 'Fair Úna'.
From *Blas Meala* (Dublin, 1985): Poem 41 'Castle O'Neill' and Poem 44 'William O'Reilly's Lament'.

From Angela Bourke (gen. ed.) *The Field Day Anthology of Irish Writing: Irish Women's Writing and Traditions iv* (Cork, 2002): Poem 38 'Since I gave you my love'. Translation copyright Louis de Paor. Reproduced with the permission of Cork University Press, Youngline Industrial Estate, Pouladuff Road, Togher, Cork, Ireland.

The following translation is produced here with the kind permission of Liam Ó Muirthile: Poem 51 'The young Burke'.

The following translation is produced here with the kind permission of Greg Delanty:
From Greg Delanty & Nuala Ní Dhomhnaill (eds.) *'Jumping off Shadows': Selected Contemporary Irish Poets* (Cork, 1995): Poem 65 'Song'.

The following translation by John Montague is used with the kind permission of Peter Fallon and The Gallery Press:
From Nuala Ní Dhomhnaill, *Pharaoh's Daughter*, (Oldcastle, 1990): Poem 68 'Island'.

The following translation is reproduced with the kind permission of Cló Iar-Chonnachta and Louis de Paor:
From *Ag Greadadh Bás sa Reilig* (Indreabhán, 2005): Poem 73 'Pride of bearing'.

The following translation is reproduced with the kind permission of Gearóid Mac Lochlainn:
From *Sruth Teangacha: Stream of Tongues* (Indreabhán, 2002): Poem 76 'The healing stone'.

Brollach

Tar éis dom an cnuasach dánta spioradálta, *Lón Anama*, a thabhairt amach roinnt blianta ó shin, smaoinigh mé go mba dheas an rud é cnuasach den sórt céanna, ach an grá mar théama ann, a chur le chéile. Tá a thoradh sin sa díolaim seo. Mar a thug mé le fios sa bhrollach in *Lón Anama*, táim go mór faoi chomaoin ag scoláirí agus ag díolaimeoirí eile a chuir saothar ar fáil ag amanna éagsúla roimhe seo. Feicfidh léitheoirí na díolama seo go bhfuil leithéidí *Early Irish Lyrics, Poems of the Dispossessed, Nua-Dhuanaire (I-III), Dánta Grádha, The Oxford Book of Irish Verse* agus roinnt cnuasach eile mar fhoinsí agam anseo. Léiríonn na dánta a roghnaíodh don chnuasach as na foinsí éagsúla sin gur traidisiún leanúnach atá i gceist le traidisiún na filíochta grá sa Ghaeilge agus go bhfuil an-ráchairt ar an téama sin go fóill i bhfilíocht na Nua-Ghaeilge. Cé go bhfuil cáil agus seasamh ar leith ag na príomhfhoinsí thuas, agus a thuilleadh nach iad, is é mo thaithí féin go gcuireann an gnáthphobal mar aon le lucht teagaisc agus foghlama ag an tríú leibhéal fáilte mhór roimh dhíolaimí téamacha, le dearadh slachtmhar, nótaí gearra agus aistriúcháin.

Is rogha phearsanta atá déanta agam don chnuasach seo agus tá mé cinnte go mbeidh díomá ar dhaoine nár cuireadh dánta áirithe san áireamh. Chuir mé romham cuid de na samplaí is fearr d'fhilíocht ghrá na Gaeilge a chur ar fáil agus aistriúcháin aitheanta a chur leo nuair a bhí mé in ann teacht ar a leithéid agus an cead a fháil chun iad a úsáid. De bharr na tréimhse liteartha atá i gceist leis an díolaim seo ón aois is luaithe go dtí ár linn féin, bhí teorainn le líon na ndánta a d'fhéadfainn a roghnú. Tá súil agam go maithfidh léitheoirí dom é má tá cuid de na dánta is fearr le daoine fágtha ar lár agam.

Sílim go gcuireann an líníocht a rinne Anna Nielsen go mór leis an saothar féin agus leis an tuiscint a gheobhaidh léitheoirí ar na dánta atá cnuasaithe anseo. Tá mé thar a bheith sásta go raibh Anna in ann bheith páirteach linn sa taobh seo de dhearadh an leabhair i gcomhar le hAlan Keogh. Tá súil agam go mbainfidh lucht léite na díolama taitneamh agus sult as na dánta agus na léaráidí atá le fáil inti agus go gcuirfidh an saothar féin leis an tuiscint atá acu ar an rud is oidhreacht shaibhir fhilíocht ghrá na Gaeilge.

Aistriúcháin

Bheartaigh mé, ar an iomlán, úsáid a bhaint as aistriúcháin aitheanta ar na dánta atá sa chnuasach seo a bhí ar fáil cheana féin i bhfoinsí eile. Luaitear ainm an aistritheora ag deireadh gach dáin. Tá mé fíorbhuíoch de na filí seo a leanas a phléigh gnéithe dá gcuid dánta liom agus mé i mbun aistriúcháin nó a chuir comhairle de chineál ar bith orm agus mé ag plé le corp an téacs: Máire Mhac an tSaoi, Colm Breathnach, Moira Sweeney (thar ceann Michael Davitt), Rita Kelly agus Liam Ó Muirthile. Ba mhaith liom buíochas ar leith a ghabháil anseo le Peter Fallon (The Gallery Press, Co. na Mí) agus le Thomas Pakenham, Thomas Kinsella agus Augustus Young as a gcuid cinealtais agus féile liom chomh maith. Tá roinnt dánta i dtreo dheireadh an chnuasaigh a d'aistrigh mé féin. Luaitear CMM leo. Is é an nós a leanaim i gcoitinne sna haistriúcháin sin go ndéanaim iarracht fanacht chomh dílis agus is féidir don bhunleagan Gaeilge.

Buíochas

Ba mhaith liom buíochas ó chroí a ghabháil le roinnt daoine a chuidigh liom go mór agus an saothar seo á ullmhú agam. Is iad an Dr Caoilfhionn Nic Pháidín agus an Dr Seán Ó Cearnaigh an bheirt is mó a mbínn ag plé gnéithe den saothar leo le tamall maith anuas. Chuir siad comhairle mo leasa minic go leor orm agus an saothar á réiteach don chló acu agus tá mé faoi chomaoin an-mhór acu.

Phléigh mé gnéithe den tionscadal leis na cairde seo a leanas agus is minic a chuir siad comhairle orm faoi nithe éagsúla mar a bhain leis an téacs agus le ceisteanna eile: an Dr Máirín Nic Eoin, Ceann Roinn na Gaeilge i gColáiste Phádraig a spreag agus a mhisnigh go minic mé; an Dr Ríona Ní Fhrighil agus an Dr Róisín Ní Ghairbhí a thacaigh liom ar an iliomad slite; Maire Ní Uiginn, Riarthóir Roinn na Gaeilge, a chuidigh liom cuid de na ceadanna a shocrú; agus an Dr Mary Shine-Thompson, an Déan Taighde agus Léinn Dhaonna, Coláiste Phádraig, a chuidigh liom roinnt fadhbanna eile a réiteach. Go gcúití Dia a gcuid cairdis agus cineáltais leo ar fad.

Ba mhaith liom buíochas ó chroí a ghabháil leis na filí agus leis na foilsitheoirí go léir a d'fhreagair iarratais ar chead cóipchirt uaim agus a thug an cead sin dom faoi chroí mór maith. Is iad an líon tí, mo bhean Karen agus na cailíní Eimear agus Aoife, is mó a d'fhulaing le tamall anuas nuair a chaithinn am um thráthnóna agus ag an deireadh seachtaine ag obair ar an saothar seo. Cúiteoidh mé a gcuid foighide anois leo. Ar deireadh, má tá locht ar bith le fáil ar an saothar, is mise amháin atá freagrach as.

Ciarán Mac Murchaidh
Coláiste Phádraig
Droim Conrach
Baile Átha Cliath 9

Féile Cholm Cille, 2008

Preface

After working on the collection of spiritual poems, *Lón Anama*, which was published some years ago, it occurred to me that a second thematic collection, love poems from the Irish tradition, would be a useful companion volume. The fruits of that idea are presented in this anthology. As I remarked in the preface to *Lón Anama*, I knew that in compiling this new collection, I would owe a debt of gratitude to other scholars and anthologists who had published well-regarded volumes of poetry in years gone by. Readers of this work will recognise the debt I owe to collections such as *Early Irish Lyrics, Poems of the Dispossessed, Nua-Dhuanaire (I-III), Dánta Grádha, The Oxford Book of Irish Verse* and other such sources. The poems selected for this new volume from previously published sources, reveal the continuity of the tradition of love poetry in Irish, which has its roots in some of our earliest examples of writing, and is thriving still in the work of contemporary Irish-language poets. Notwithstanding the reputation of existing volumes, those named above and several others, it is my experience that the general public and those engaged in teaching and studying literature in third level colleges welcome thematic well-designed collections, accompanied by short notes and translations.

The choice of poems for this anthology is an entirely personal one and some readers may be disappointed that certain poems have not been included here. My aim was to select some of the best examples of love poems available in Irish and to use well-known translations wherever possible, subject to availability and permissions. As the anthology spans a lengthy period of literary activity, only a limited number of poems could be included. I hope that readers will indulge me in this regard and forgive the omission of any favourite poems here.

The drawings and illustrations by Anna Nielsen greatly complement the diversity of the original texts, and the visual dimension will add to the understanding and enjoyment of the reader. I am very pleased that Anna was willing to become involved in the project and to make such a valuable contribution to the design of the book, in collaboration with Alan Keogh. I hope that readers will enjoy both the poems and the illustrations that are presented here and that this anthology will enhance their appreciation of the rich literary heritage of love poetry in Irish.

TRANSLATIONS

I decided, wherever possible, to use translations which had been published previously in various sources. The translator's name is given at the end of each poem. I am indebted to the following poets who discussed aspects of the translation of their poems with me and who were very generous with their advice: Máire Mhac an tSaoi, Colm Breathnach, Moira Sweeney (on behalf of Michael Davitt), Rita Kelly and Liam Ó Muirthile. I also wish to acknowledge and record here my appreciation for the considerable support and advice of Peter Fallon (The Gallery Press, Co. Meath) as well as that of Thomas Pakenham, Thomas Kinsella and Augustus Young. I have translated some poems towards the end of the collection myself, where necessary. They are denoted by CMM. My approach in these instances is to remain as faithful as possible to the language of the original text.

Editor's Acknowledgements

I should like to thank a number of people who assisted me greatly at the various stages of production of this book. Dr Caoilfhionn Nic Pháidín and Dr Seán Ó Cearnaigh were unstinting in their advice and encouragement over the course of the project. They kept me on the straight and narrow on more than one occasion, especially when the work was being prepared for publication, and I am greatly indebted to them for their time and energy.

I discussed various aspects of the work with friends and colleagues, and am the beneficiary of their insightful knowledge and helpful comments on this aspect of Irish poetry: Dr Máirín Nic Eoin, Head of the Department of Irish at St Patrick's College, Drumcondra, heartened and encouraged me on many occasions when my spirits were faltering; Dr Ríona Ní Fhrighil and Dr Róisín Ní Ghairbhí, too, supported me in ways too many to list here; Máire Ní Uiginn, Administrator in the Department of Irish, proved invaluable in helping me track down copyright permissions, and Dr Mary Shine-Thompson, Dean of Research and Humanities at St Patrick's College, was instrumental in helping to solve various other difficulties. I hope some day to be able to repay their many kindnesses to me.

I should also like to thank those poets and publishers who responded so graciously and efficiently to my requests for copyright permissions. My wife, Karen, and my daughters Eimear and Aoife, however, are the ones who have suffered most in the last while, as I spent evenings and weekends working on this latest volume. My many promises to repay their patience and forebearance will now come home to roost! Finally, whatever faults, errors or omissions may be found in this volume are my own.

Ciarán Mac Murchaidh
Coláiste Phádraig
Droim Conrach
Baile Átha Cliath 9

Féile Cholm Cille, 2008

Réamhrá

Cnuasach de dhánta a bhfuil an grá mar théama iontu atá sa díolaim seo. Is é an grá collaí is mó atá i gceist seachas an grá platónach nó grá na máthar, mar shampla. Is traidisiún ársa é traidisiún an ghrá chollaí agus níor chóir go gcuirfeadh sé sin iontas ar bith orainn. Níl mé a mhaíomh gur d'aonturas a cuireadh corpas dánta den chineál seo le chéile. Baineann mianta an choirp linn go léir, mianta a thiomáineann muid i dtreonna éagsúla. Is dlúthchuid den chaidreamh idir fir agus mná an fhisiciúlacht sin agus tá rud le rá ag an litríocht ó na haoiseanna éagsúla faoin dóigh a ndeachaigh scríbhneoirí na Gaeilge i ngleic leis sin i gcaitheamh na haimsire sin go léir. Feicfear go bhfuil níos mó samplaí de na dánta seo i ré amháin seachas ré eile ach is é an rud is mó atá i gceist leo go bhfuil baint acu uilig, beagnach, leis an ngrá corpartha nó fisiciúil. Is é atá i gceist leis na samplaí a roghnaíodh don chnuasach seo go léiríonn siad go léir gné éigin d'fhilíocht chollaí na Gaeilge ón aois is luaithe anall agus go dtugann siad le fios gur traidisiún fada bríomhar atá ann.

Baineann na dánta sa chéad chuid den chnuasach (na blianta idir 800-1400) le tréimhse an-luath i litríocht na tíre. Níl an oiread sin dánta sa ré áirithe seo ar féidir filíocht ghrá a thabhairt orthu. Aontaíonn scoláirí litríochta faoi sin, cé go ndéanann siad léamha éagsúla ar chineál agus ar chúis scríofa na filíochta seo. Tá roinnt samplaí ón luath-ré seo mar bhunús lenár n-áiteamh go bhfuil traidisiún na filíochta grá ag síneadh ón ré is sine i litríocht na Gaeilge go dtí ré liteartha an lae inniu. Creidim gur féidir na píosaí a bhaineann leis an tréimhse seo a léamh ina n-aonar mar liricí grá, agus a thuiscint go bhfuil cuid éigin de dhaonnacht na haimsire seanda iontu ar fad, cuid den daonnacht sin atá le feiceáil na céadta bliain ina dhiaidh sin ar amhráin ghrá na tíre agus ar nuafhilíocht na Gaeilge.

Is é a mheasann scoláirí a bhfuil taighde déanta acu ar an bhfilíocht ghrá a bhaineann leis an dara ré atá luaite sa díolaim seo (i.e. 1400-1700) gur dánta iad a chumascann gnéithe den fhilíocht dhúchais agus den fhilíocht ón iasacht. Is é Gearóid Iarla (1338-1398) an chéad duine, go bhfios dúinn, a bhí ag saothrú na ndánta grá i litríocht na Gaeilge agus de bharr gur de phór Normannach é, síleadh ar feadh i bhfad gur faoi thionchar na Fraince a tosaíodh ar dhánta grá a chumadh sa tír seo. Is cuid de thionchar ón iasacht, an Fhrainc agus Sasana go háirithe, iad na dánta grá. Is fiú a lua go bhfuil scoláirí mar Mháirín Ní Dhonnchadha, Seán Ó Tuama, Grace Neville, Mícheál Mac Craith, Máirín Nic Eoin agus Breandán Ó Conaire tar éis go leor a scríobh i dtaca leis an gcuid seo den oidhreacht s'againn. Ní aontaíonn gach uile scoláire acu sin leis an léamh atá déanta ag a chéile ar ábhar na ndánta grá, ach is féidir a rá gur filí amaitéaracha is mó a scríobh na dánta grá seo agus nár bhain na daoine sin (a bhfuil a fhios againn gur chum siad dánta grá), leis na teaghlaigh léannta thraidisiúnta – mar shampla: Maghnas Ó Domhnaill, Muiris Mac Dháibhí Dhuibh Mac Gearailt, Séathrún Céitinn, Piaras Feiritéir, Domhnall Mac Cárthaigh, Riocard de Búrc agus Isibeul Ní Mhic Cailín.

Baineann ábhar na ndánta grá cuid mhór le traidisiún an *amour courtois*, stíl ghalánta, ardnósach, shocair a bhain le foirmeáltacht na cúirte sna meánaoiseanna. Is minic a bhíonn léiriú íorónta nó éadrom, searbhasach nó scigmhagúil iontu ar nádúr an ghrá agus ar mhianach an chaidrimh idir fir agus mná. Baineann deismireachtaí taitneamhacha agus imeartas focal agus téamaí leo freisin. Bíonn cás an fhile á chaoineadh aige féin sna dánta seo: é ag trácht go minic ar áilleacht mná atá dofhaighte nó ar bhean nach bhfuil i ngrá leis féin nó atá tar éis é a dhiúltú. Uaireanta eile léiríonn an file cathú gur leag sé súil riamh ar an mbean a bhfuil sé i ngrá léi (Dán 32). Feictear cuid den scigmhagadh agus den íoróin ar Dhán 16, áit a n-insíonn an file a chás féin trí mheán na fáthchéille. Tá an greann agus an dáiríreacht fite fuaite ina chéile sa dán áirithe sin. Ó am go chéile, áfach, tugtar léargas dúinn ar mhianach an fhíorghrá sin a bhí ag an bhfile dá bhean chéile nó dá leannán grá. Faightear blas cruinn ar phaisean na lánúine i nDán 34 mar a bhfuil an teannas collaí agus an teannas cumarsáide idir an bheirt le brath go láidir ar an dán, mar shampla. Ba dhoiligh Dán 26 a shárú freisin mar léiriú ar bhriseadh croí an fhile ar bhás a mhná céile. Léargas an-chumhachtach atá againn anseo ar shuaitheadh an fhile agus is léiriú an-éifeachtach é ar mhothúcháin phearsanta, léiriú nach bhfeictear rómhinic san fhilíocht chlasaiceach. Den chuid is mó, áfach, is iarrachtaí ar imeartas fileata atá i gceist le cuid mhór de na dánta grá, sórt cleachtaí iad a mbaineadh lucht a léite sult agus taitneamh astu. Daoine léannta a léadh iad formhór an ama agus ba dhaoine iad siúd a thuig go maith na tagairtí liteartha agus na deismireachtaí cainte iontu. Thuig siad, mar sin, nach chun fíormhothúcháin agus paisean an chroí agus an anama a chur i bhfriotal a cumadh na dánta seo go minic, ach chun pléisiúr a thabhairt do lucht a léite agus a n-éisteachta.

Ceann de na rudaí is féidir a rá faoi na dánta grá ná gur bhain siad le réimse ar leith de thaithí lucht an léinn agus le dearcadh áirithe ar an ngaol agus ar an gcaidreamh grá idir fir agus mná. D'fhág sin go raibh siad scartha ó shaol an ghnáthphobail, ar bhealach, agus gur seánra é a luigh taobh amuigh de raon taithí na ndaoine. A mhalairt ar fad atá i gceist, dar liom, le traidisiún na n-amhrán grá sa Ghaeilge. Is dlúthchuid de shaol an phobail iad na hamhráin toisc gur filíocht de chuid an phobail féin atá i gceist leo, seachas seánra liteartha atá ag brath ar choinbhinsiúin áirithe saoil agus stádais. Is é breithiúnas a bhí ag Breandán Ó Conaire ar na hamhráin ghrá gur 'comhchruthú ealaíonta [iad] … cónascadh idir traidisiúin na hÉireann agus traidisiúin na hEorpa, ach gan blas na stíle léannta, intleachtúla, liteartha le brath air an uair seo, ach an aigne réalaíoch dhaonna nithiúil, an croí oscailte simplí ag cur déine a chuid mothúchán nádúrtha pearsanta in iúl.' (ÉDN: 176) Tharraing sé ar thuairim a nocht Breandán Breathnach sa saothar *Irish Folksong and Music*, áit ar scríobh Breathnach: 'All moods and feelings are reflected in these songs, from the simple delight of the uncomplicated courtship to the numbed resignation following separation. Songs expressing grief at the loss of a lover or the bitter realization of betrayal (e.g. Úna Bhán, Dónall Óg) attain an intensity of feeling and passionate sincerity that are irresistibly moving… The symbols and metaphors in use, although drawn from the common environment, are richly poetical and imaginative.' (ÉDN: 176) Léiríonn na hamhráin atá roghnaithe agam sa chnuasach seo cuid mhaith de na mothúcháin atá i gceist ag Breathnach ansin. Is fiú amharc ar Dhánta 44, 46 agus 50, mar shampla, le teacht i dtír ar dhéine mhothúchán an ghrá i gcás leannán an fhile a bheith caillte go tragóideach. Ba dheacair feabhas an chur síos sna dánta sin ar mhothúcháin phearsanta na bhfilí in am na péine a shárú.

Múnlaí nó foirmeacha difriúla den fhilíocht ghrá a bhí i gceist leis na seánraí éagsúla a bhain leis na hamhráin ghrá. Tugann Breandán Ó Conaire faoi deara, mar shampla, nár bhain cuid acu ó dhúchas le traidisiún bunaidh ná le *milieu* an *amour courtois* – m.sh. an *pastourelle* (an fear óg amuigh faoin tuath a gcastar cailín óg dathúil air nach léiríonn aon tsuim ann); an *reverdie* (aisling ghrá de shórt atá i gceist leis seo); an *chanson de la malmariée* (an bhean óg atá pósta ar sheanfhear nó ar fhear gan mhaith); an *chanson de jeuene fille* (amhrán grá na mná) agus an *chanson d'amour* (amhrán grá an fhir) (ÉDN: 177). As measc na gcineálacha éagsúla seo den amhrán grá is é an *chanson d'amour* an ceann is tábhachtaí ar fad nó is é is cóngaraí d'fhoirm an *amour courtois* de bhrí gur bailíodh na buntéamaí agus dearcadh an *amour courtois* in aon mhúnla amháin, agus toisc go bhfuil gnéithe bunaidh na foirmle le fáil i gcuid mhór d'amhráin ghrá na tuaithe sa Ghaeilge, m.sh. Dán 43 'Máirín de Barra'.

Tá go leor samplaí de chineál eile amhrán grá sa Ghaeilge freisin, an *chanson de jeune fille* nó amhrán na mná óige. Go minic léirítear í mar dhuine atá i ngrá go mór le fear óg ach go bhfuil a muintir féin i gcoinne an chaidrimh eatarthu. Uaireanta is ag iompar linbh a bhíonn sí agus impleachtaí móra i dtaca lena stádas sa chlann agus sa tsochaí i gceist leis sin, faoi mar atá léirithe ag Máirín Nic Eoin ina haiste thábhachtach ar an ábhar seo (SÉ: 233-59). Is minic a thugann an fear óg geallúintí don bhean nach bhfuil rún ar bith aige a chomhlíonadh ar chor ar bith, nó imíonn sé uaithi (nó bíonn air imeacht uaithi) sa chaoi is go mbíonn sise fágtha ina haonar, í ag impí air filleadh uirthi nó í ag caoineadh ina dhiaidh. Mheas Nic Eoin, i dtaca leis an *chanson de jeune fille* gur 'léiriú fórsúil ar mhianta paiseanta ban a fhaightear in amhráin ghrá na mná i dtraidisiún liteartha na Gaeilge. Is é an tréigean is comhthéacs do na hamhráin, agus is trí chumhacht na mothúchán (idir thnúthán, aiféala, dhóchas agus dhíomá) a léirítear bail na mná tréigthe, agus impleachtaí a teagmhála leis an bhfear a thréig í. Is é an t-aiféala an mothúchán is láidre ina bhformhór.' (SÉ: 235). Is féidir a rá, i gcoitinne, gur doiléir go minic a bhíonn na línte idir na cineálacha éagsúla amhrán grá agus go bhfaightear eilimintí a bhaineann le cineál amháin mar chuid de chineál eile. Ní féidir na cineálacha éagsúla a scaradh go hiomlán ó chéile go minic toisc go bhfuil traidisiún chomh hársa sin i gceist agus go bhfuil bunábhar na n-amhrán chomh fite fuaite ina chéile sa stair agus i dtraidisiún béil an phobail. Is forás nádúrtha ar thraidisiún na ndánta grá iad na hamhráin ghrá, áfach, nó is mar chuid de ghluaiseacht choitinn sa tír i dtreo litríocht an phobail a tharla an t-athrú áirithe sin.

Tá scaoilteacht foirme agus ábhair ag baint le traidisiún na nuafhilíochta, ní nach ionadh. Léiríonn na dánta sa chuid dheireanach den chnuasach go bhfuil an leithne agus an éagsúlacht sin i gceist. Feictear beagnach gach gné den chaidreamh idir beirt leannán i measc na ndánta atá roghnaithe anseo. Aithnítear ar chuid acu, áfach, go bhfuil siad ag tarraingt ar thraidisiún an-ársa i litríocht na Gaeilge chomh maith. Baineann Máire Mhac an tSaoi, mar shampla, leas as seánra traidisiúnta na ndánta grá sa dá shampla atá againn anseo. Tá macallaí láidre le haithint ar Dhánta 57 agus 58, ní amháin de thraidisiún na ndánta grá ach d'eilimintí na n-amhrán grá freisin. Is léiriú glé é sin ar an tseandacht a bhaineann leis an ngrá i bhfilíocht na Gaeilge. Murab ionann agus an grá faoi theorainn nó an grá faoi laincisí a bhíodh i gceist go minic ag údair na ndánta agus na n-amhrán grá (cé go gcaithfear a admháil go raibh siad faoi shrian go minic ag coinbhinsiúin áirithe liteartha), feictear go han-mhinic sa nuafhilíocht an oscailteacht a bhaineann leis an saol san aois seo caite agus le saol ár linne féin. Léirítear grá paiseanta na leannán dá chéile sna dánta atá cumtha ag Pádraig Mac Piarais, Máirtín Ó Direáin, Máire Mhac an tSaoi, Gabriel Rosenstock, Caitlín Maude, Liam Ó Muirthile, Rita Kelly, Michael Davitt agus Cathal Ó Searcaigh, mar shampla. Mar sin féin, pléitear go hoscailte agus go neamhbhalbh i gcuid den fhilíocht chomhaimseartha leis an gcaidreamh nach n-éiríonn leis chomh maith. Téann Liam Ó Muirthile i ngleic le caidreamh atá ag teacht chun deiridh i nDán 65 agus is cineál *apologia* don bhean atá ag Michael Hartnett i gcás an dáin aige siúd, 'Dán do Rosemary' (Dán 61), as gan saol ceart a bheith acu lena chéile. Faigheann an file locht air féin as gan bheith ábalta caidreamh ceart agus saol ceart pósta a roinnt lena bhean sa chás sin.

Is ceiliúradh cumhachtach ar ghrá an leannáin atá i gceist leis na dánta ag Caitlín Maude, Nuala Ní Dhomhnaill, Cathal Ó Searcaigh agus Colm Breathnach, áit a nasctar an grá le gnéithe den taobh tíre. Déantar cumasc den chruthú spioradálta, ar bhealach, ina léithéid de chur chuige — iontas na cruthaitheachta léirithe sa domhan thart timpeall ar an bhfile chomh maith lena léiriú i gcruth corpartha an duine féin, an leannán atá os a c(h)omhair amach. Má smaoinímid ar theagasc traidisiúnta na n-eaglaisí Críostaí gurb é an duine barr foirfeachta Dé sa chruthú, is fearr a thuigfear an loighic a bhaineann leis an nasc áirithe sin. Mar sin féin, feictear cuid de chastachtaí an ghrá chomh maith nuair nach féidir leis na leannáin bheith i gcuideachta a chéile mar ba mhian leo go háirithe ag Rita Kelly (Dán 70) agus ag Cathal Ó Searcaigh (Dán 71) agus léirítear go soiléir cuid den aighneas agus den teannas a ghineann sé sin idir beirt atá in ainm is a bheith ina dhá bpáirt éagsúla den aon aonad grá amháin. Ar an iomlán, áfach, scrúdaíonn na nuafhilí gnéithe pearsanta dearfacha de nádúr an ghrá ina gcuid dánta mar is léir ó na dánta sa chnuasach seo. Uaireanta is cur chuige spleodrach, cumhachtach, fuinniúil a úsáidtear, cosúil leis sin atá le fáil sna dánta le Louis de Paor (Dán 73) agus le Gearóid Mac Lochlainn (Dán 76). I gcásanna eile, is stíl chiúin, staidéartha, phléisiúrtha atá i gceist ag an bhfile (Dánta 64, 66, 67, 72 agus 75, mar shampla).

Toisc gur fórsa an-chumhachtach i saol an duine é an grá collaí, is iomaí gné agus léiriú de a chastar orainn sa saol. Léiríonn na dánta sa chnuasach seo go bhfuil an leithead sin ag baint le léiriú an ghrá i bhfilíocht na Gaeilge ón ré liteartha is ársa sa teanga anuas go dtí ár linn féin. Níl anseo ach léargas treorach ar fhilíocht ghrá na Gaeilge ach seans go dtabharfaidh sé spléachadh níos fearr do léitheoir na díolama seo ar a bhfuil de sheoda filíochta ar fáil in oidhreacht shaibhir ár litríochta dúchais. Luadh cheana sa réamhrá seo go bhfuil léamha éagsúla déanta ag scoláirí éagsúla a bhfuil staidéar déanta acu ar fhilíocht an ghrá – go háirithe ar na dánta grá féin. Tugtar gearrliosta léitheoireachta anseo mar threoir dóibh siúd ar mhaith leo tuilleadh léitheoireachta a dhéanamh faoin díospóireacht acadúil sin.

Treoirliosta gairid léitheoireachta

Mícheál S. Mac Craith. 1989. *Lorg na hlasachta ar na Dánta Grá.* Baile Átha Cliath.

Grace Neville. 1993. *'Les Images derrière les images:* Léamh Bachelardien ar na "Dánta Grádha"' in *Oghma 5.* Baile Átha Cliath, pp. 11-18.

Grace Neville. 1996. '"All these pleasant verses?" Grá, ciapadh agus céasadh sna Dánta Grádha' in Máirín Ní Dhonnchadha (eag.) *Nua-Léamha: Gnéithe de Chultúr, Stair agus Polaitíocht na hÉireann c.1690 - c.1900.* Baile Átha Cliath, pp. 72-88.

Máirín Ní Dhonnchadha. 1995. 'An Bhean lán de stuaim: Véineas a tháinig go hÉirinn' in *Oghma 7.* Baile Átha Cliath, pp. 83-91.

Máirín Ní Dhonnchadha. 2005. *Field Day Anthology of Irish Writing* (Vol. iv), Cork, pp. 293-303, 358-66.

Máirín Nic Eoin. 2000. 'Scéal ar an nGrá' in Seán Ó Coileáin, Breandán Ó Conchúir & Pádraigín Riggs (eag.), *Saoi na hÉigse: Aistí in Ómós do Sheán Ó Tuama.* Baile Átha Cliath, pp. 233-59.

Breandán Ó Conaire. 1997. Léirmheas ar *Lorg na hlasachta ar na Dánta Grá* le Mícheál S. Mac Craith in *Studia Hibernica 29.* Baile Átha Cliath, pp. 230-37.

Seán Ó Tuama. 1978. *An Grá in Amhráin na nDaoine.* Baile Átha Cliath.

Seán Ó Tuama. 1988. *An Grá i bhFilíocht na nUaisle.* Baile Átha Cliath.

Introduction

Love is obviously the theme running through the poems in this anthology, but it is physical rather than platonic love which is to the fore in this selection. As physical desire is such an innate part of what it is to be human we find poems concerning the expression of such love being written in every age. The physical relationship is a core part of love and artists have addressed it in various ways throughout the ages. This kind of love poetry can be viewed as a distinctive unbroken tradition stretching from the earliest examples of Irish literarture through the folk love poetry of the later periods to the work of comtemporary poets writing in the Irish language.

The poems in the first section of the anthology (800-1400) are some of the earliest examples of literature in Irish. Not many poems which still survive from this era may be called love poems but enough examples have survived to show that such poems did exist. Although scholars of the period agree fundamentally about this, they do not always agree in their interpretation of these early texts. There are enough examples of this early poetry in existence, however, to suggest that the tradition of love poetry in Irish spans from earliest times to the present day. These early poems, whatever their context, may be read as love poems and they give us a glimpse of how the ancient poets viewed this core aspect of our humanity.

Scholars who have studied the love poems of the period 1400-1700 usually agree that they are a distillation of foreign and native influences. Gearóid Iarla, who is generally considered to be the first exponent of the classical love poem in Irish, was of Norman stock, and this led to the belief that there was a strong French influence on this tradition. It is clear that foreign influences are strongly in evidence in classical love poetry in Irish and that these influences are French and English in the main. Much work has been done by scholars such as Máirín Ní Dhonnchadha, Seán Ó Tuama, Grace Neville, Mícheál Mac Craith, Máirín Nic Eoin and Breandán Ó Conaire to show how these influences passed into the Irish tradition. They have expressed different opinions about how this poetry should be interpreted and the context in which they were composed, but they are in the main the work of amateur poets. Those whose identity we can establish did not belong to the traditional native bardic families – Maghnas Ó Domhnaill, Muiris Mac Dháibhí Dhuibh Mac Gearailt, Séathrún

Céitinn, Piaras Feiritéir, Domhnall Mac Cárthaigh, Riocard de Búrc and Isibeul Ní Mhic Cailín, for example.

The content of most of the classical love poetry in Irish mirrors the *amour courtois* tradition, the elegant, formal, established style of courtly formality of the Middle Ages. The poems frequently contain an ironic or light-hearted, sometimes sarcastic or mocking approach in their exploration of the nature of love and the relationship between men and women. They frequently display evidence of singular linguistic sophistication, advanced examples of linguistic style, and they often feature play on both words and themes. The theme of unrequited love is commonplace. Poets sometimes express regret at having ever encountered the object of their desire (Poem 32). Allegory is often undercut with clever mockery, and irony is employed to illustrate the poet's plight (Poem 16). In this particular poem the humour and the seriousness of the poet's situation are closely intertwined. From time to time, however, we get a powerful – almost shocking – insight into the intensity of the poet's feelings. Poem 34, for example, gives us an electric illustration of the couple's passion for each other and the communicative and sexual tension of the poem is palpable throughout. As an examination of the poet's heartbreak after the death of his wife it would be difficult to better Poem 26. This poem is paticularly artful in its portrayal of deep and complex human emotions at a time of great personal grief, all the more so given the exquisitely demanding metrical rules of the genre. For the most part, however, these classical love poems tend towards poetic word-play, almost as if they were formal exercises, intended purely to please, humour and impress the reader. These poems were composed for an educated audience well able to appreciate their literary and linguistic nuances. The audience also understood that these poems did not always explore the true feelings and passions, but were meant rather as intellectual entertainment. It may be said of these classical love poems, then, that they pertained to a particularly learned group in society and reflect the outlook of this group on the love relationship between men and women. This meant that they were removed from the experience of other strata of society and were a genre generally at variance with the day-to-day experience of many people.

The love song tradition in Irish is in marked contrast to this. These songs were an integral part of people's lives precisely because they were the poetry of the people as opposed to a literary genre which flourished in the milieu of certain social conventions and cultural status. Breandán Ó Conaire's assessment of these popular love songs was that they were an artistic fusion of both Irish and European traditions but without the learned, high-brow, literary character of the classical love poem. They were, rather, an example of the realistic, concrete, human mind-set, the simple open-hearted approach to the release of personal emotion. He also noted Breandán Breathnach's belief, in his work *Irish Folksong and Music,* that:

> all moods and feelings are reflected in these songs, from the simple delight of the uncomplicated courtship to the numbed resignation following separation. Songs expressing grief at the loss of a lover or the bitter realization of betrayal (e.g. Úna Bhán, Dónall Óg) attain an intensity of feeling and passionate sincerity that are irresistibly moving...the symbols and metaphors in use, although drawn from the common environment, are richly poetical and imaginative (ÉDN: 176).

Most of the love songs contained in this anthology reflect the powerful emotions discussed by Breathnach. Poems 44, 46 and 50, in particular, express very powerfully the emotions of grief at the tragic loss of the poet's lover. It would be difficult to find any finer examples than these of the searing pain and suffering being described in each case.

The love song tradition in Irish may be said to be a natural development of the strong tradition of classical love poetry in Irish. Breandán Ó Conaire notes, however, that not all of the various types of love song derive from the basic traditions and *milieu* of the *amour courtois* poetry – e.g. the *pastourelle* (the young man out walking encounters a beautiful woman upon whom he presses his suit but is rejected); the *reverdie* (a type of dream or vision poem involving a romantic encounter); the *chanson de la malmariée* (the young woman trapped in a marriage to an older man or otherwise unsuitable husband); the *chanson de jeune fille* (love song of the young woman for her lover) and *the chanson d'amour* (the love song of the young man) (ÉDN: 177).

Among these various forms of the love song tradition, the *chanson d'amour* is the most important as it is closest to the original tradition of the *amour courtois*. It is the one form in which the basic themes and outlook of the *amour courtois* formula may be found in many of the pastoral love songs of the Irish tradition, e.g. Poem 43 'Máirín de Barra'.

There are many examples of the other types of love song in Irish, however, and the *chanson de jeune fille*, in particular, is very commonly found in the tradition. The woman in these songs has usually fallen in love with a young man, whom her family (parents) have rejected as being unsuitable. There are indications, sometimes, that the girl is pregnant and this has significant implications for her status in the family and the local community, an issue which has been thoroughly explored by Máirín Nic Eoin (SÉ: 233-59). The young man very often has made promises to the girl that he has no intention of keeping, or else he abandons her (or is forced to abandon her) so that she is left alone, pleading with him to return or lamenting bitterly his loss. Nic Eoin, reflecting on the nature of the *chanson de jeune fille*, argues that the love songs of the Irish tradition reveal a powerful understanding of the passionate desires of women. The context for these songs is the woman's abandonment and her state at such a time is portrayed through the full range of the expressed emotions (expectation, regret, hope and disappointment) after her abandonment by the man who once declared his love for her. In the end, she notes, regret is normally the most strongly-expressed emotion in this type of love song (SÉ: 235).

It must also be noted that the lines between the various types of love songs are frequently blurred and elements common to one type of song may be found in another. The different kinds of love song cannot therefore be completely separated from each other since the tradition itself has been so long-established in the history and folklore of the Irish-speaking community that the forms themselves have blended together. The love song tradition in Irish may be said to be a natural progression from the era of the classical love poem in Irish, as it formed part of the wider movement in the 17th, 18th and 19th centuries towards the less high-brow literary genres of the community itself.

As one might expect, the poems in the final section of the book reflect the freedoms of form and content which define modern poetry in general. The poems here illustrate this range of diversity. Varied aspects of lovers' relationships with each other are reflected in the selection here. Some, however, show the influences of earlier poetic forms discussed above. The two peoms here by Máire Mhac an tSaoi, for example, show heavy influences of the classical love poetry tradition. There are strong echoes in Poems 57 and 58 not only of the classical genre but of elements of the later song tradition as well. This influence is an indication of the resilience of the love tradition in Irish poetry. Unlike the poetry of the classical period when the work was more tightly-constructed (according to the literary conventions of the time), the openness of society towards sexual love in the 20th and 21st centuries is reflected in the modern poem in Irish. The passionate declarations of lovers are powerfully presented in the poems by Pádraig Mac Piarais, Máirtín Ó Direáin, Máire Mhac an tSaoi, Gabriel Rosenstock, Caitlín Maude, Liam Ó Muirthile, Rita Kelly, Michael Davitt agus Cathal Ó Searcaigh, for example. The modern poet, however, does not shrink from engaging with the more difficult aspects of the love relationship, especially when exploring the emotions which surround the break-up or ending of a relationship. Liam Ó Muirthile addresses this issue in particular in Poem 65 and Michael Hartnett's 'Poem for Rosemary' (Poem 61) is an *apologia* to his wife for their troubled married life together. Here the poet blames himself for the lack of commitment which he feels has brought the relationship to its current unhappy state.

The poems of Caitlín Maude, Nuala Ní Dhomhnaill, Cathal Ó Searcaigh and Colm Breathnach are powerful celebrations of love, and in some cases their exploration of the nature of love draws on the imagery of the natural world they experience in the environment and the countryside about them. In a way, in adopting such an approach, they fuse the spiritual notion of creation with an understanding of the nature of love. Here the wonder of creation in the world around the poet is reflected in the corporeal nature of the human form, the lover they see before them. If we consider the traditional, Christian view of humankind as the peak of God's creative work, the logic surrounding this extension of the nature of creation becomes more clear.

The complexities of modern love are also treated by many of the poets included in the final section of this anthology, especially by Rita Kelly (Poem 70) and Cathal Ó Searcaigh (Poem 71) where they explore the relationship between two poeple who cannot be together all the time. The tensions and strains which arise in such instances are manifested by these two poets in situations where the lovers are apart. On the whole, the contemporary poets whose work features in this collection are largely positive in their exploration of the theme of love. Sometimes that exploration is vigorous, powerful and energetic as in the poems of Louis de Paor (poem 73) and Gearóid Mac Lochlainn (Poem 76). In other cases the poet adopts a quieter calmer, but no less effective tone, as in Poems 64, 66, 67, 72 and 75.

Since physical love is a very potent force in human experience, it has many manifestations. The poems in this anthology illustrate the wide and varied nature of the exploration of love in the poetry of the Irish language from the earliest examples through to contemporary work. The poetry collected here, while distinctively part of a long literary tradition, also exhibits some of the most intrinsic of human aspirations and drives – the desire for and delight in the company and comfort of the 'other'. This was the reason Cois Life invited Anna Neilsen to become involved in this publication and I was delighted when she agreed to produce some new work to complement the texts. Anna continues her journey here, away from the detail for which her work is so often celebrated, towards a simplicity and directness which will bring a new dimension to the enjoyment of these poems.

Leabharliosta / Bibliography

AB   Michael Hartnett. 1978. *Adharca Broic.* Baile Átha Cliath.
ABB   Cathal Ó Searcaigh. 1993. *An Bealach 'na Bhaile: Rogha Dánta.* Indreabhán.
AGBR   Louis de Paor. 2005. *Ag Greadadh Bás sa Reilig.* Indreabhán.
ATS   Cathal Ó Searcaigh. 2001. *Ag Tnúth leis an tSolas.* Indreabhán.

BALI   Kuno Meyer. 1919. *Bruchstücke der Älteren Lyrik Irlands.* Berlin.
BIV   Thomas Kinsella (eag.). 2000. *The New Oxford Book of Irish Verse*, Oxford.
BM   Brian O'Rourke (eag.). 1985. *Blas Meala.* Baile Átha Cliath.

CAUL   Seán Ó Tuama. 1961. [Athchló 1979]. *Caoineadh Airt Uí Laoghaire.* Baile Átha Cliath.
CBA   Breandán Ó Buachalla (eag.). 1975. *Cathal Buí: Amhráin.* Baile Átha Cliath.
CC   Colm Breathnach. 1995. *Croí agus Carraig.* Baile Átha Cliath.
CCU   Énrí Ó Muirgheasa (eag.). 1915. [Athchló 1983]. *Céad de Cheolta Uladh.* Iúr Cinn Trá.
CHIL   Margaret Kelleher & Philip O'Leary (eds). 2006. *The Cambridge History of Irish Literature* (Vols i & ii). Cambridge.
CMD   Ciarán Ó Coigligh (eag.). 2005. *Caitlín Maude: Dánta, Drámaíocht, agus Prós.* Baile Átha Cliath.

D   Michael Davitt. 2004. *Dánta 1966-1998.* Baile Átha Cliath.
DB   P.L. Henry (sel. & transl.). 1991. *Dánta Ban: Poems of Irish Women Early & Modern*, Cork.
DCCU   Énrí Ó Muirgheasa (eag.). 1934. [Athchló 1974]. *Dhá Chéad de Cheoltaibh Uladh.* Baile Átha Cliath.
DCPI   Edward A.H. Pakenham, Earl of Longford. 1946. *The Dove in the Castle: A Collection of Poems from the Irish.* Dublin.

DDr	Nuala Ní Dhomhnaill. 1981. *An Dealg Droighin*. Baile Átha Cliath.
DG	Tomás Ó Rathile. 1925. [Athchló 1976]. *Dánta Grádha*. Corcaigh.
DGr	Augustus Young. 1975. *Dánta Grádha: Love Poems from the Irish (AD 1350-1750)*. London.
DIEV	Thomas F. O'Rahilly. 1921. *Dánfhocail: Irish Epigrams in Verse*. Dublin.
DPD	Seán Ó Tuama & Thomas Kinsella (eag.). 1981. *An Duanaire 1600-1900: Poems of the Dispossessed*, Portlaoise.
ÉDN	Breandán Ó Conaire (eag.). 1974. *Éigse: Duanaire Nua na hArdteiste*, Baile Átha Cliath.
EI	Brian Lalor (gen. ed.). 2003. *The Encyclopaedia of Ireland*. Dublin.
EIL	Gerard Murphy (ed. & transl.). 1998. *Early Irish Lyrics*. Dublin.
Fardoras	Michael Davitt. 2003. *Fardoras*. Indreabhán.
FDA	Seamus Deane (gen. ed.). 1991. *The Field Day Anthology of Irish Writing* (Vols i-iii). Derry.
FDAW	Angela Bourke (gen. ed.). 2002. *The Field Day Anthology of Irish Writing: Irish Women's Writing and Traditions* (Vols iv & v). Cork.
FGL	Frank O'Brien. 1968. *Filíocht Ghaeilge na Linne*. Baile Átha Cliath.
FGPP	Ciarán Ó Coigligh (eag.). 1981. *Filíocht Ghaeilge Phádraig Mhic Phiarais*. Baile Átha Cliath.
FPH	Máire Ní Cheallacháin. 1962. *Filíocht Phádraigín Haicéad*. Baile Átha Cliath.
FWBB	Rita Kelly. 1990. *Fare Well – Beir Beannacht*. Dublin.
GFU	Seán Ó Tuama. 1988. *An Grá i bhFilíocht na nUaisle*. Baile Átha Cliath.
GTIP	David Greene & Frank O'Connor (ed. & transl.). 1967. *A Golden Treasury of Irish Poetry A.D. 600-1200*. London.

H	Michael Hartnett. 1993. *Haicéad*. Oldcastle.
IBP	Osborn Bergin (ed.). 1984. *Irish Bardic Poetry*. Dublin.
IT	W.H. Stokes & E. Windisch (eag.). 1884. *Irische Texte* (Imr. II). Leipzig.
JS	Greg Delanty & Nuala Ní Dhomhnaill (eds.). 1995. *'Jumping off Shadows': Selected Contemporary Irish Poets*. Cork.
KLC	Frank O'Connor (transl.). 1970, *Kings, Lords, & Commons: An Anthology from the Irish*. Dublin.
LC	Kuno Meyer. 1902. Liadain and Curithir: *An Irish Love-Story of the Ninth Century*. London
LIDG	Mícheál S. Mac Craith. 1989. *Lorg na hIasachta ar na Dánta Grá*. Baile Átha Cliath.
LM	Frank O'Connor. 1963. *The Little Monasteries*. Dublin.
MIL	James Carney (ed. & transl.). 1985. *Medieval Irish Lyrics*. Portlaoise.
MPFI	Edward A.H. Pakenham, Earl of Longford. 1945. *More Poems from the Irish*. Dublin.
MÓDD	Máirtín Ó Direáin. 1980. *Máirtín Ó Direáin: Dánta 1939-1979*. Baile Átha Cliath.
MS	Máire Mhac an tSaoi. 1956. *Margadh na Saoire*. Baile Átha Cliath.
ND I	Pádraig de Brún et al. (eag.). 1975. *Nua-Dhuanaire Cuid I*. Baile Átha Cliath.
ND II	Breandán Ó Buachalla (eag.). 1976. *Nua-Dhuanaire Cuid II*. Baile Átha Cliath.

ND III	Tomás Ó Concheanainn (eag.). 1978. *Nua-Dhuanaire Cuid III*. Baile Átha Cliath.
NF 1	Séamas Ó Céileachair (eag.). 1965. *Nuafhilí 1 (1942-1952)*. Baile Átha Cliath.
NF 2	Séamas Ó Céileachair (eag.). 1968. *Nuafhilí 2 (1953-1963)*. Baile Átha Cliath.
Om	Gabriel Rosenstock. 1983. *Om*. Baile Átha Cliath.
PD	Nuala Ní Dhomhnaill. 1990. *Pharaoh's Daughter*. Oldcastle.
PFI	Edward A.H. Pakenham, Earl of Longford. 1944. *Poems from the Irish*. Dublin.
PGP	Seán Mac Réamoinn (ed.). 1982. *The Pleasures of Gaelic Poetry*. London.
PR	Brian O'Rourke (eag.). 1990. *Pale Rainbow: An Dubh ina Bhán*. Baile Átha Cliath.
Sanas	Liam Ó Muirthile. 2007. *Sanas*. Baile Átha Cliath.
Scáthach	Colm Breathnach. 1994. *Scáthach*. Baile Átha Cliath.
SÉ	Pádraigín Riggs, Breandán Ó Conchúir & Seán Ó Coileáin (eag.). 2000. *Saoi na hÉigse: Aistí in Ómós do Sheán Ó Tuama*. Baile Átha Cliath.
ST	Gearóid Mac Lochlainn. 2002. *Sruth Teangacha: Rogha Filíochta / Stream of Tongues: Selected Poetry*. Indreabhán.
TC	Liam Ó Muirthile. 1984. *Tine Chnámh*. Baile Átha Cliath.
ZCP	Kuno Meyer & Ludwig Stern. 1901. *Zeitschrift für Celtische Philologie* (Vol. iii). London.

Giorrúcháin Eile / Abbreviations

aistr.	arna aistriú
c.	*circa*
eag.	arna chur in eagar / eagarthóir(í)
ed.	edited / editor(s)
fl.	*floruit* / flourished
gen.	general
gin.	ginearálta
IER	*Irish Ecclesiastical Record*
Iml.	Imleabha(i)r
lch	leathanach
lgh	leathanaigh
l.	líne / line
ll.	línte / lines
ob.	*obiit* / died
p.	page
pp.	pages
rogh.	arna roghnú
sel.	selected
v.	véarsa / verse
vv.	véarsaí / verses
Vol.	Volume(s)

800–1300

1. IT É SAIGTE GONA SÚAIN

Dán é seo i sraith dánta a bhaineann le hIarthar Mumhan agus tá cúlra an dáin doiléir (GTIP: 78). I réamhrá próis a ghabhann leis an dán, insítear dúinn go raibh Dínertach tar éis teacht chun troid ar son Ghuaire Ghoirt in éadan Uí Néill Teamhrach sa bhliain 649 ach gur maraíodh sa chath é. Tugtar le fios gur chum iníon Ghuaire, Créd, an dán toisc go raibh sí tar éis titim i ngrá le Dínertach ach deir an scoláire David Greene gur fearr an chiall a bhainfear as an dán má ghlactar leis gurb é bean Ghuaire a labhraíonn i rith an dáin.

Créda ingen Gúairiu ru chan na runnusa de Dínertach mac Gúairi maic Nechtain do Uib Fidgenti. Di-connuircsi isin treus Aidne ro geghin secht ngoine deac for seglach a léniod. Ro-carostoirsie ierum. Is ann is-pertsie:

It é saigte gona súain,
cech thrátha i n-aidchi adúair,
serccoí, lia gnása, íar ndé,
fir a tóeb thíre Roigne.

Rográd fir ala thíre
ro-shíacht sech a chomdíne
ruc mo lí (ní lór do dath);
ním-léci do thindabrad.

Binniu laídib a labrad
acht Ríg nime nóebadrad:
án bréo cen bréthir mbraise,
céle tana tóebthaise.

Imsa naídiu robsa náir:
ní bínn fri dúla dodáil;
ó do-lod i n-inderb n-aís
rom-gab mo théte togaís.

Táthum cech maith la Gúaire,
la ríg nAidni adúaire;
tocair mo menma óm thúathaib
isin íath i nIrlúachair.

Canair i n-íath Aidni áin,
im thóebu Cille Colmáin,
án bréo des Luimnech lechtach
díanid comainm Dínertach.

Cráidid mo chride cainech,
a Chríst cáid, a fhoraided:
it é saigte gona súain
cech thrátha i n-aidchi adúair.

[EIL: 86]

1. The Lament of Créide

This poem is taken from a cycle of poems relating to West Munster and its background is unclear. In a prose introduction that accompanies the poem the reader is told that Dínertach had come to fight on behalf of Guaire of Gort against the Uí Néill of Tara in 649 but was killed in the battle. The poem was allegedly composed by Guaire's daughter, Créd, who had fallen in love with Dínertach but the scholar, David Greene, suggests that the poem makes better sense if we accept that it is Guaire's wife who is speaking here (GTIP, 78).

Créide daughter of Gúaire sang these quatrains for Dínertach son of Gúaire son of Nechtan of the Ui Fhidgente. She had seen him in the battle of Aidne which had wounded seventeen woundings on the breast of his tunic. She loved him after that. It is then she said:

The arrows that murder sleep,
at every hour in the cold night,
are love-lamenting, by reason of times spent, after day,
in the company of one from beside the land of Roigne.

Great love for a man of another land
who excelled his coevals
has taken my bloom (little colour is left);
it allows me no sleep.

Sweeter than all songs was his speech
save holy adoration of Heaven's King:
glorious flame without a word of boasting,
slender softsided mate.

When I was a child I was modest:
I used not to be engaged on the evil business of lust;

since I reached the uncertainty of age
my wantonness has begun to beguile me.

I have everything good with Gúaire,
the king of cold Aidne;
but my mind seeks to go from my people
to the land which is in Irlúachair.

In the land of glorious Aidne,
around the sides of Cell Cholmáin,
men sing of a glorious flame, from the south of Limerick of the graves,
whose name is Dínertach.

His grevious death, holy Christ,
torments my kindly heart:
these are the arrows that murder sleep
at every hour in the cold night.

[Translation by Gerard Murphy, EIL: 87]

2. CEN ÁINIUS

Deirtear gur file ba ea Liadain a bhain le treibh in iarthar na Mumhan a raibh an t-ainm Corcu Duibne orthu (EIL: 208). Ba fhile é Cuirithir freisin agus tá scéal a ngrá dá chéile le fáil in dhá lámhscríbhinn de chuid an 16ú haois, cé go mbaineann teanga an scéil leis an naoú haois de réir na scoláirí. Gheall Liadain do Chuirithir go bpósfadh sí é ach sular chomhlíon sí an gheallúint, chuaigh sí leis an mbeatha rialta. Bheartaigh Cuirithir dul isteach sa mhainistir dá bhrí sin ach ós rud é go raibh grá acu dá chéile go fóill, chuaigh siad faoi stiúir Chummíne Chluain Fearta a chuir faoi thriail dlúthchaidrimh iad (cf. Dán 3). Chuir Liadain olc ar Chuirithir ina dhiaidh sin agus d'imigh sé ar oilithreacht dá bharr. Lean Liadain é ach d'imigh seisean thar lear agus fuair Liadain bás agus í ag guí ar an gcloch ar a mbíodh Cuirithir féin ag guí. Sa chaoineadh seo déanann Liadain comparáid idir a mianta féin agus cuid mianta Chuirithir agus caoineann sí an chaoi a bhfuil Cuirithir agus a chuid grá di caillte aici.

Cen áinius
in gním í do-rigénus:
an ro carus ro cráidius.

Ba mire
nád dernad a airersom,
mainbed omun Ríg nime.

Níbu amlos
dosom in dál dúthracair,
ascnam sech phéin i Pardos.

Bec mbríge
ro chráidi frium Cuirithir;
frissium ba mór mo míne.

Mé Líadan;
ro carussa Cuirithir;
is fírithir ad-fíadar.

Gair bása
i comaitecht Chuirithir;
frissium ba maith mo gnássa.

Céol caille
fom-chanad la Cuirithir,
la fogur fairge flainne.

Do-ménainn
ní cráidfed frim Cuirithir
do dálaib cacha dénainn.

Ní chela:
ba hésium mo chridesherc,
cía no carainn cách chena.

Deilm ndega
ro thethainn mo chridese;
ro-fess, nicon bía cena.

Is é, didiu, crád do-ratsi fairsium a lúas ro gab caille.

[EIL: 82]

2. Liadain tells of her love for Cuirithir

Liadain is reputed to have been a poet associated with a tribe in west Munster known as the Corcu Duibne (EIL: 208). Cuirithir, too, was a poet and the story of their relationship may be found in two 16th-century manuscripts although, according to scholars, the language itself is that of the 9th century. Liadain promised to marry Cuirithir but before she could fulfil her promise she became a nun. Cuirithir then joined a monastery but because they both still loved each another, they put themselves under the supervision of Cummíne of Clonfert (GTIP: 72). He subjected them to a severe test of chastity by arranging for them to share a bed together (cf. Poem 3). Liadain angered Cuirithir thereafter and he went on pilgrimage as a result. Liadain pursued him but he fled from her and it is said that Liadain died at the rock where Cuirithir used to pray. In the following lament Liadain compares her own desires and those of Cuirithir and bemoans how she has lost both him and his love.

Unpleasing
is that deed which I have done:
what I loved I have vexed.

Were it not for fear of the King of Heaven,
it had been madness for one who would not do
what Cuirithir wished.

Not profitless
to him was that which he desired,
to reach Heaven and avoid pain.

A trifle
vexed Cuirithir in regard to me;
my gentleness towards him was great.

I am Líadan;
I loved Cuirithir;
this is as true as anything told.

For a short time
I was in the company of Cuirithir;
to be with me was profitable to him.

Forest music
used to sing to me beside Cuirithir,
together with the sound of the fierce sea.

I should have thought
that no arrangement I might make
would have vexed Cuirithir in regard to me.

Conceal it not:
he was my heart's love,
even though I should love all others besides.

A roar of fire
has split my heart;
without him for certain it will not live.

Now, the way she vexed him was her haste in taking the veil.

[Translation by Gerard Murphy, EIL: 83]

3. Másu óenadaig atbir

Chuir Naomh Cummíne triail gheanmnaíochta ar Chuirithir agus Liadain lena ndílseacht dá gcuid móideanna a thástáil. Léirítear neart an phaisin ag an mbeirt acu dá chéile sa dán beag seo. Tráchtann Cuirithir ar dhathúlacht Liadain sa chéad véarsa agus cuireann Liadain cuid de mharthanacht an chaidrimh agus de dhílseacht na beirte dá chéile in iúl sa dara ceann.

Cuirithir:
Másu óenadaig atbir
fesi dam-sæ la Liadain,
méti la láech nodfiad
ind adaig ní archriad.

Liadain:
Másu óenadaig atbir
feis dam-sæ la Cuirithir,
cid blíadain dobérmais fris
baithum immarordamais.

[LC: 20]

3. Ordeal by cohabitation

St Cummíne set Cuirithir and Liadain a test of their chastity to assess the strength of their vows. The following short poem gives us an insight into the strength of their passion and love. Cuirithir gives an indication of Liadain's renowned beauty in the first verse. In the second Liadain imagines how their relationship would endure and how loyal they would be to one another.

Cuirithir:
If it is one night you say
I am to sleep with Liadain,
any layman who spent it would see
that the night was not wasted.

Liadain:
If it is one night you say
I am to sleep with Cuirithir,
though we spent a year at it,
we should still have something to commemorate.

[Translation by Frank O'Connor, GTIP: 77]

4. FIL DUINE

Is é tuairim Gerard Murphy (EIL: 236) gur féidir gurb é seo an tagairt is luaithe don ghrá a léirigh Gráinne do Dhiarmaid, an fear ar éalaigh sí leis tar éis gur gealladh d'Fhionn mac Cumhaill í de réir an scéil, *Tóraíocht Dhiarmada agus Ghráinne*. Tugtar léargas iontach don léitheoir sa rann beag seo ar phaisean agus ar neart ghrá Ghráinne do Dhiarmaid.

Ut dixit Gráinne ingen Chormaic fri Finn:

Fil duine
frismad buide lemm díuterc,
día tibrinn in mbith mbuide,
huile, huile, cid díupert.

[EIL: 160]

4. Gráinne speaks of Díarmait

Gerard Murphy suggested that the following verse may well be the earliest reference to the love shown by Gráinne for Diarmaid, the man she eloped with even though she was already promised to Fionn mac Cumhaill according to the tale, *The Pursuit of Diarmaid and Gráinne* (EIL: 236). We get a powerful insight into the passion and strength of Gráinne's love for Diarmaid in this short verse.

As Gráinne daughter of Cormac said to Finn:

There is one
on whom I should gladly gaze,
to whom I would give the bright world,
all of it, all of it, though it be an unequal bargain.

[Translation by Gerard Murphy, EIL: 161]

5. ETAN

Véarsa an-ghearr, an-simplí é seo a bhfuil eilimint den ghreann agus den spraoi ag baint leis. Is ar éigean is gá aon rud a rá faoi seachas gur bean í Etan a bhí thar a bheith dathúil agus a mheall na fir lena cuma. Cá bhfios ach go raibh 'ball seirce' áirithe uirthi amhail Diarmaid Ó Duibhne sa scéal *Tóraíocht Dhiarmada agus Ghráinne*.

Ni fetar
cia lasa faifea Etan;
acht ro fhetar Etan Bán
nochon fífea aenarán.

[IT: 80]

---

5. ETAN

This very short, simple verse has an element of fun and playfulness about it. It hardly requires any kind of gloss except to suggest that Etan must have been a beautiful and highly attractive woman. Perhaps she too possessed some kind of 'love spot' like Diarmaid Ó Duibhne in the tale Tóraíocht Dhiarmada agus Ghráinne.

I do not know
who Etan will sleep with;
but I do know that Blonde Etan
will not sleep alone.

[Translation by Frank O'Connor, GTIP: 113]

6. Cride hé

Véarsa eile é seo a bhfuil cuid den ghreann agus den suairceas ag baint leis. Is ráiteas é a d'fhéadfaí a shamhlú go héasca le cailín atá i ngrá le fear óg. Is cinnte go bhfuil meidhir an ghrá óig le sonrú go soiléir ar na línte ann.

Cride hé,
daire cnó,
ócán é,
pócán dó.

[BALI: 69]

---

6. Young lad

This is another verse which has a touch of fun and frolics about it. One can easily imagine it coming from the mouth of a girl who is in love with a young man. The light-heartedness of young love is clearly felt in its lines.

He's a heart,
a grove of nuts,
he's a young lad
a kiss for him.

[Translation by CMM]

7. Is é mo shámud re mnái

De réir iontrála sa *Field Day Anthology of Irish Writing* (iml. iv), níltear cinnte cérbh é an Scandlan Mór a luaitear an dán seo a leanas leis. Deirtear san fhoinse chéanna, áfach, gur bhain cuid den *badinage* ba thréith leis na dánta grá déanacha le cuid d'fhilíocht na Meán-Ghaeilge. Tá sé sin le feiceáil go soiléir ar an dán seo a bhfuil méid áirithe áiféise grinn agus léaspairt chéille, go deimhin, le brath air.

Is é mo shámud re mnái
amal bís cámull hi ceó,
cen co hana lim is cet,
cet lim cid marb, cet cid beó.

Cett lim cía rabur 'na gnáis,
cet lim cía hanur dia héis,
is ed rofácbad do mnái,
is cet cía thái, cet cía théis.

[ZCP iii: 37]

7. ADVICE TO LOVERS

According to an entry in the *Field Day Anthology of Irish Writing* (vol. iv), the identity of the Scandlan Mór to whom this poem is ascribed is uncertain. In the same entry the point is made that the *badinage* common to later love poetry in Irish was also characteristic of some Middle Irish verse. That may be clearly seen in the following poem where the poet resorts to humorous ridicule and a certain rapier wit.

The way to get on with a girl
is to drift like a man in a mist,
happy enough to be caught,
happy to be dismissed.

Glad to be out of her way,
glad to rejoin her in bed,
equally grieved or gay
to learn that she's living or dead.

[Translation by Frank O'Connor, LM: 17]

8. Cotail becán

Ar a dteitheadh ó Fhionn a bhí Diarmaid agus Gráinne sa scéal cáiliúil *Tóraíocht Dhiarmada agus Ghráinne* agus bhí Fionn á dtóraíocht gan stad gan staonadh. Sa dán seo tá Diarmaid cloíte agus tá sé ag iarraidh a scíth a ligean. Canann Gráinne suantraí chun codladh a chur air. Tuigtear don léitheoir go bhfuil Gráinne ag iarraidh Diarmaid a chosaint agus go bhfuil sí ag iarraidh go mbeidh siad le chéile go deo. Léiríonn na línte 'ar scarad ar ndís 'ma-le 's scarad lenab óenbaile, is scarad cuirp re hanmain' go han-éifeachtach an dóigh a bhfuil siad dúnta i ngrá lena chéile.

Gráinne:
Cotail becán becán bec,
úair ní hecail duit a bec,
a gille día tardus seirc,
a meic uí Duibne, a Díarmait.

Cotailsi sunn go sáim sáim,
a uí Duibne, a Díarmait áin;
do-génsa t'fhoraire de,
a meic uí delbda Duibne.

Cotail becán (bennacht fort)
ós uisce Topráin Tréngort,
a úanáin úachtair locha,
do brú Thíre Trénshrotha.

Rop inonn is cotlad tes
degFhidaig na n-airdéices,
dá tuc ingin Morainn búain
tar cenn Conaill ón Chráebrúaid.

Rop inonn is cotlad túaid
Finnchaid Fhinnchaím Essa Rúaid,
dá tug Sláine (ségda rainn)
tar cenn Fáilbe Chotatchinn.

Rop inonn is cotlad tíar
Áine ingine Gáilían,
fecht do-luid céim fo thrilis
la Dubhthach ó Dairinis.

Rop inonn is cotlad tair
Dedad dána díumasaigh
dá tuc Coinchinn ingin Binn
tar cenn Dechill déin Duibrinn.

A chró gaile íarthair Gréc,
anfatsa 'got fhorcoimét;
maidfid mo chraidese acht súaill,
monat-fhaicear re hénúair.

Ar scarad ar ndís 'ma-le
's scarad lenab óenbaile,
is scarad cuirp re hanmain,
a laích Locha finnCharmain.

Léicfider caínche ar do lorg
(rith Caílte ní ba hanord),
nachat-táir bás ná brocad,
nachat léice i sírchotlad.

Díarmait:
Ní chotail in damso sair,
ní scuirenn do búirfedaig;
cía beith im dairib na lon,
ní fhuil 'na menmain cotlad.

Ní chotail in eilit máel
ac búirfedaig fó brecláeg;
do-gní rith tar barraib tor;
ní déin na 'hadbaid cotal.

Ní chotail in chaínche bras
ós barraib na crann cáemchas;
is glórach a-táthar ann;
gi bé in smólach ní chotlann.

Ní chotail in lacha lán:
maith a láthar re degshnám;
ní déin súan nó sáime ann;
ina hadbaid ní chotlann.

In-nocht ní chotail in gerg;
ós fhráechaib anfaid imard
binn fogar a gotha glain:
eitir shrotha ní chotail.

[EIL: 160]

8. Díarmait's sleep

The famous tale *The Pursuit of Diarmaid and Gráinne* tells how Diarmaid and Gráinne were fleeing from Fionn, who was pursuing them relentlessly. In the following poem Diarmaid is exhausted and wants to rest. Gráinne sings a gentle lullaby to help him fall asleep. The reader is made aware of how much Gráinne wishes to protect Diarmaid from harm and that she wants them, above all, to be together forever. The lines 'to part us two is to part children of one home, it is to part body from soul' show how strong the bonds of love between them are.

Gráinne:
Sleep a little, just a little,
for there is nothing for you to fear,
O lad to whom I have given love,
Díarmait son of Úa Duibne.

Sleep here soundly, soundly,
descendant of Duibne, noble Díarmait;
I shall watch over you the while,
lovely son of Úa Duibne.

Sleep a little (a blessing on you!)
above the water of Toprán Tréngort,
O lake-top foam
from the brink of Tír Thrénshrotha.

May your sleep be like that slept in the south
by good Fidach of the noble poets,
when he carried off long-lived Morann's daughter,
in spite of Conall from the Cráebrúad.

May it be like the sleep in the north
of Fair Comely Finnchad of Assaroe,

when (happy lot) he carried off Sláine,
in spite of Hard-headed Fáilbe.

May it be like the sleep in the west
of Áine daughter of Gáilían,
when she fared once by torchlight
with Dubthach from Dairinis.

May it be like the sleep in the east
of proud daring Dedaid,
when he carried off Coinchenn daughter of Benn,
in spite of fierce Deichell of the Dark Weapons.

O battle-fence of western Greece,
I shall remain watching over you;
my heart will well-nigh break
if I ever fail to see you.

To part us two
is to part children of one home,
it is to part body from soul,
O warrior from the Lake of fair Carman.

An incantation of invisibility will be laid on your track
(nothing will happen amiss as the result of Caílte's running [in pursuit]),
lest death or sorrow come to you
and leave you in endless sleep.

Díarmait:
This stag to the east does not sleep;
ceaselessly does he bellow;

though he rove around the groves of the blackbirds,
he has no thought of sleep.

The hornless hind does not sleep,
crying for her speckled fawn;
she runs over the tops of the bushes;
she sleeps not in her lair.

The lively linnet does not sleep
above the tops of the fair tangled trees;
loud music prevails there;
no thrush sleeps.

The graceful duck does not sleep:
she has good strength to swim well:
she neither slumbers nor rests where she is;
she sleeps not in her lair.

Tonight the curlew does not sleep;
high above a storm's ragings
the sound of its clear cry is musical;
it sleeps not between streams.

[EIL: 161]

9. M'ANAM DO SGAR RIOMSA ARAOIR

Luaitear *floruit* timpeall na bliana 1220 le Muireadhach Albanach Ó Dálaigh, file a bhain le ceann de theaghlaigh mhóra filíochta na hÉireann. I gCo. na Mí a rugadh é i dtreo dheireadh an 12ú haois. Chaith sé tréimhse ina chónaí in Albain agus chuaigh ar cheann de na crosáidí chuig an Talamh Naofa. Tamall i ndiaidh na bliana 1230 a fuair sé bás. Is dán an-phearsanta é seo ar bhás a mhná céile. Tá an bhris á caoineadh go géar ag an bhfile anseo agus tuigtear dúinn neart a ghrá dá bhean ó thús go deireadh an dáin.

M'anam do sgar riomsa araoir,
calann ghlan dob ionnsa i n-uaigh;
rugadh bruinne maordha mín
is aonbhla lín uime uainn.

Do tógbhadh sgath aobhdha fhionn
amach ar an bhfaongha bhfann:
laogh mo chridhise do chrom,
craobh throm an tighise thall.

M'aonar anocht damhsa, a Dhé,
olc an saoghal camsa ad-chí;
dob álainn trom an taoibh naoi
do bhaoi sonn araoir, a Rí.

Truagh leam an leabasa thiar,
mo pheall seadasa dhá snámh;
tárramair corp seada saor
is folt claon, a leaba, id lár.

Do bhí duine go ndreich moill
ina luighe ar leith mo phill;
gan bharamhail acht bláth cuill
don sgáth duinn bhanamhail bhinn.

Maol Mheadha na malach ndonn
mo dhabhach mheadha araon rom;
mo chridhe an sgáth do sgar riom,
bláth mhionn arna car do chrom.

Táinig an chlí as ar gcuing,
agus dí ráinig mar roinn:
corp idir dá aisil inn
ar dtocht don fhinn mhaisigh mhoill.

Leath mo throigheadh, leath mo thaobh,
a dreach mar an droighean bán,
níor dhísle neach dhí ná dhún,
leath mo shúl í, leath mo lámh.

Leath mo chuirp an choinneal naoi;
's guirt riom do roinneadh, a Rí;
agá labhra is meirtneach mé –
dob é ceirtleath m'anma í.

Mo chéadghrádh a dearc mhall mhór,
déadbhán agus cam a cliabh:
nochar bhean a colann caomh
ná a taobh ré fear romham riamh.

Fiche bliadhna inne araon,
fá bhinne gach bliadhna ar nglór,
go rug éinleanabh déag dhún,
an ghéag úr mhéirleabhar mhór.

Gé tú, nocha n-oilim ann,
ó do thoirinn ar gcnú chorr;
ar sgaradh dár roghrádh rom,
falamh lom an domhnán donn.

Ón ló do sáidheadh cleath corr
im theach nochar ráidheadh rum –
ní thug aoighe d'ortha ann
dá barr naoidhe dhorcha dhunn.

A dhaoine, ná coisgidh damh;
faoidhe ré cloistin ní col;

táinig luinnchreach lom 'nar dteagh –
an bhruithneach gheal donn ar ndol.

Is é rug uan í 'na ghrúg,
Rí na sluagh is Rí na ród;
beag an cion do chúl na ngéag
a héag ó a fior go húr óg.

Ionmhain lámh bhog do bhí sonn,
a Rí na gclog is na gceall:
ach! an lámh nachar logh mionn,
crádh liom gan a cor fám cheann.

[IBP: 101]

9. THE DEAD WIFE

Muireadhach Albanach Ó Dálaigh's *floruit* is usually given as 1220. He was born in Co. Meath in the latter years of the 12th century. He had to flee after murdering a tax-collector of the O'Donnells of Donegal and eventually ended up in Scotland. He later went on a crusade to the Holy Land and having returned from there, he died some time after the year 1230. This is a very personal poem concerning the death of the poet's wife. He laments his loss greatly and the poet's deep love for his wife is clear from the outset.

My soul parted from me last night;
a pure body that was dear is in the grave;
a gentle stately bosom has been taken from me
with one linen shroud about it.

A white comely blossom has been plucked
from the feeble bending stalk;
my own heart's darling has drooped,
the fruitful branch of yonder house.

I am alone tonight, O God;
evil is this crooked world that Thou seest;
lovely was the weight of the young body
that was here last night, O King.

Sad for me (to behold) yonder couch,
my long pallet ...*;
we have seen a tall noble form
with waving tresses upon thee, O couch.

A woman of gentle countenance
lay upon one side of my pallet;
there was naught save the hazel-blossom
like to the dark shadow, womanly and sweet-voiced.

Maol Mheadha of the dark brows,
my mead-vessel beside me;
my heart the shadow that has parted from me,
the flower of jewels after being planted has drooped.

My body has passed from my control,
and has fallen to her share,
I am a body in two pieces
since the lovely bright and gentle one is gone.

She was one of my two feet, one of my sides –
her countenance like the white-thorn;
none belonged to her more than to me,
she was one of my eyes, one of my hands.

She was the half of my body, the fresh torch;
harshly have I been treated, O King,
I am faint as I tell it –
she was the very half of my soul.

Her large gentle eye was my first love,
 her bosom was curved and white as ivory;
 her fair body belonged
 to no man before me.

Twenty years we spent together;
sweeter was our converse every year;
she bore to me eleven children,
 the tall fresh lithe-fingered branch.

Though I am alive, I am no more,
 since my smooth hazel-nut is fallen;

since my dear love parted from me,
the dark world is empty and bare.

From the day that a smooth post
was fixed in my house it has not been told me –
no guest laid a spell therein
upon her youthful dark brown hair.

O men, check me not;
the sound of weeping is not forbidden;
bare and cruel ruin has come into my house –
the bright brown glowing one is gone.

It is the King of Hosts and the King of Roads
who has taken her away in His displeasure;
little was the fault of the branching tresses
that she should die and leave her husband while fresh and young.

Dear the soft hand that was here,
O King of bells and churchyards;
alas! the hand that never swore (false) oath,
'tis torment to me that it is not placed under my head.

[Translation by Osborn Bergin, IBP: 257]

*Meaning unclear in original.

10. Mairg adeir olc ris na mnáibh

Luaitear an dán seo le Gearóid Mac Gearailt (Gearóid Iarla), tríú hIarla Dheasmhumhan. Ceapadh mar Phríomh-Ghiúistís ar Éirinn sa bhliain 1367 é. Chuir Brian Ó Briain Thuamhumhan sa phríosún é sa bhliain 1370 agus is le linn na tréimhse a chaith sé sa phríosún a chum sé a chuid filíochta. Sa staidéar mór a rinne sé ar na dánta grá, luaigh Mícheál Mac Craith gur shíl sé nár dhán grá é seo ar chor ar bith ach 'dán cosanta na mban ar lucht a gcáinte, na fir... Ach tar éis lucht cáinte na mban a chur ó dhoras dealraíonn sé go n-athraíonn an file a phort sna ranna deireanacha. Fiú más dream suáilceach iad na mná is cuma leo faoin dílseacht agus faoin tairiseacht. Ní spéis leo ach cúrsaí grá, gan uathu ach an fear óg... [Tá] casadh cliste sa dara leath den dán, dréacht a thugann le fios ón tús gur moladh na mban is aidhm dó ach a athraíonn gan choinne chun a mhalairt a chur in iúl.' (LIDG: 47, 51)

Mairg adeir olc ris na mnáibh;
bheith dá n-éagnach ní dáil chruinn;
a bhfuaradar do ghuth riamh
dom aithne ní hiad do thuill.

Binn a mbriathra, gasta a nglór,
aicme rerab mór mo bháidh;
á gcáineadh is mairg nár loc;
mairg adeir olc ris na mnáibh.

Ní dhéanaid fionghal ná feall,
ná ní ar a mbeith grainc ná gráin;
ní sháraighid cill ná clog;
mairg adeir olc ris na mnáibh.

Ní tháinig riamh acht ó mhnaoi
easbag ná rí (dearbhtha an dáil),
ná príomhfháidh ar nách biadh locht;
mairg adeir olc ris na mnáibh.

Agá gcroidhe bhíos a ngeall;
ionmhain leó duine seang slán, –
fada go ngeabhdaois a chol;
mairg adeir olc ris na mnáibh.

Duine arsaidh leathan liath
ní hé a mian dul 'na dháil;
annsa leó an buinneán óg bocht;
mairg adeir olc ris na mnáibh!

[DG: 4]

10. Woe to him who slanders women

This poem is ascribed to Gerald FitzGerald, the third Earl of Desmond, who was made Lord Chief Justice of Ireland in 1367. In 1370, he was imprisoned by Brian O'Brien of Thomond. It was while in prison that he composed much of his poetry. In his major study of love poetry in Irish Mícheál Mac Craith stated that he believes this poem is essentially anti-women. However pleasant women may be, they do not worry too much about faithfulness or steadfastness. Their main interest is in being with a young man. So while the poet initially sets out to praise and defend the honour of all women, in an unexpected twist he suddenly abandons this goal and does the very opposite.

Woe to him who slanders women.
Scorning them is no right thing.
All the blame they've ever had
is undeserved, of that I'm sure.

Sweet their speech and neat their voices.
They are a sort I dearly love.
Woe to the reckless who revile them.
Woe to him who slanders women.

Treason, killing, they won't commit
nor any loathsome, hateful thing.
Church or bell they won't profane.
Woe to him who slanders women.

But for women we would have,
for certain, neither kings nor prelates,
prophets mighty, free from fault.
Woe to him who slanders women.

They are the victims of their hearts.
They love a sound and slender man.

Not soon do they dislike the same.
Woe to him who slanders women.

Ancient persons, stout and grey,
they will not choose for company,
but choose a juicy branch, though poor.
Woe to him who slanders women.

[Translation by Thomas Kinsella, BIV: 110]

1400–1700

11. NÁ BÍ DOM BUAIDHREADH, A BHEAN

Ní fios cé a chum

Is cosúil gur dán é seo a fhéachann leis an gcaidreamh idir an fear agus a bhean a iniúchadh go háirithe nuair atá an caidreamh faoi bhrú. Ar fhianaise an dáin (v. 4), d'fhéadfaí a rá fúthu go raibh 'caidreamh oscailte' eatarthu ar feadh tamaill, i mbéarlagar an lae inniu. Anois áfach, is cosúil go bhfuil an file ag impí ar a bhean tabhairt faoin ngaol i gceart arís (v. 5) agus go bhfuil sé ag iarraidh go ndéanfar athnuachan ar thinte an ghrá an athuair (v. 3).

Ná bí dom buaidhreadh, a bhean,
cuiream d'aontaoibh ar n-aigneadh,
tú mo chéile i gClár na bhFionn,
lámh tar a chéile cuiream.

Cuir an béal ar snuadh na subh
rem béal, a chneas mar chubhar;
sín an ghéag chneasaolta chorr
tar mhéad th'easaonta oram.

Ná bí níos foide, a shéimh sheang,
gan bheith tairise im thimcheall;
leig id chuilt, a mhínsheang, mé,
síneam ar gcuirp re chéile.

Mar do thréigeas, a thaobh slim,
ortsa gach aoinbhean d'Éirinn,
a dhéineamh más éidir ann,
tréigidh gach éinfhear oram.

Mar do dháileas dod dhéad gheal
an toil nách éidir d'áireamh,
cóir a dháil damhsa mar so,
bhar n-annsa, sa cháil chéadna.

[DG: 24]

11. My lady, stop tormenting me

Author unknown

This poem appears to address the issue of the relationship between husband and wife, particularly when it has been under strain. Judging by the evidence in the poem (v. 4) the couple may have enjoyed, for a time, what might nowadays be described as an 'open relationship'. However, it now seems that the poet is imploring his wife to give their relationship another chance (v. 5) and that he wishes to rekindle the fires of love once more (v. 3).

My lady, stop tormenting me!
Let's strike the bargain here.
We have no cause to disagree,
so give your hand, my dear.

What hand was e're so white as this?
I'll take it and be friends.
Your mouth like berries with a kiss
all disagreement ends.

Why should we lie each night alone?
(A silly thing to do!)
The quilt that's big enough for one,
is big enough for two.

My other loves, farewell! For true
to you alone I'll be.
If I can do so much for you,
you'll do as much for me.

To your red mouth I offerings make
of passions hard to quell.

Be no less generous for the sake
of one who loves so well.

[Translation by Lord Longford, MPFI: 1]

12. Taisigh agad féin do phóg

Ní fios cé a chum

Pléitear castacht an ghrá go neamhbhalbh sa dán seo. Diúltaíonn an file do phóg ó ainnir óg toisc go gceapann sé nach sásóidh sí é agus tugann sé an breithiúnas céanna ar ógmhná eile. Tuigimid an chúis atá leis sin sa dara véarsa óir léirítear dúinn go bhfuair an file póg ó bhean phósta, tráth, a mhúscail an paisean i gceart ann, póg nach féidir leis a ligean i ndearmad go deo. Tá eilimint anseo den ghrá éagmaise, grá ar a mbíonn an blas is deise de bharr nach féidir é a aimsiú.

Taisigh agad féin do phóg,
a inghean óg is geal déad;
ar do phóig ní bhfaghaim blas,
congaibh uaim amach do bhéal!

Póg is romhillse ná mil
fuaras ó mhnaoi fhir tré ghrádh;
blas ar phóig eile dá héis
ní bhfagha mé go dtí an brách.

Go bhfaicear an bhean-soin féin
do thoil éinMhic Dé na ngrás,
ní charabh bean tsean ná óg,
ós í a póg atá mar tá.

[DG: 104]

12. Keep your kisses

Author unknown

The complexity of love is dealt with quite openly in this poem. The poet refuses a kiss from a beautiful young woman since he believes that her kiss will not fully satisfy him, a belief he holds with regard to all young women. The reason for this is made clear in the second verse when the poet reveals that he was once kissed by a married woman who really roused his ardour, a moment he cannot forget. There is plainly an element of unfulfilled love here, the kind of love that tastes sweetest, precisely because it can never be attained.

Oh, keep your kisses, young provoking girl!
I find no taste in any maiden's kiss.
Altho' your teeth be whiter than the pearl,
I will not drink at fountains such as this.

I know a man whose wife did kiss my mouth
with kiss more honeyed than the honeycomb.
And never another's kiss can slake my drought
after that kiss, till judgment hour shall come.

Till I do gaze on her for whom I long,
if ever God afford such grace to men,
I would not love a woman old or young,
till she do kiss me as she kissed me then.

[Translation by Lord Longford, PFI: 48]

13. Gluais, a litir, ná leig sgís

Ní fios cé a chum

I gcás idir dhá chomhairle atá an file sa dán seo. Níl sé cinnte an bhfuil an bhean a bhfuil grá aige di i ngrá leis féin agus, ar bhealach, tá drogall air fáil amach ar eagla gur freagra diúltach a thabharfar air. Is é an fios agus an easpa feasa ag an aon am amháin atá ag dó na geirbe aige. Idir an dá linn, tá sé i bpian ghéar ag an éiginnteacht agus níl a fhios aige an é an bás féin, go meafarach, atá i ndán dó ar deireadh.

Gluais, a litir, ná léig sgís
go bhfaice tú arís í féin.
Fiafraigh dí an bhfuigheam bás,
nó an mbiam go bráth i bpéin.

Más í an phian do dheónaigh damh,
fiafraigh dí gá fad an phian,
nó más bás do-bhéara dhúinn,
fiafraigh dí gá húir i mbiam.

An sgéal fada ní hé is fearr,
mithigh leam a chur i gcéill.
Mun bhfuil furtacht damh i ndán,
faghaim go luath an bás féin.

An bás féin dá dtuga dhúinn,
mo chur i n-úir do bheinn réidh,
ós mo chionn dá sgríobhadh sí:
'Ag so an tí do mharbh mé.'

I gcrích Alban ar bheith séimh
is ann thoghaim féin mo chur,
mar a luighfeadh sí ar mo leacht,
's mar a mbiadh sí ar m'fheart ag gul.

I ndóigh go dteagmhadh damh dul
's go ligeadh sí ar gcur i gcré,
deifrigh ort is beir mo sgéal,
bí ag imtheacht go géar, is gluais.

[DG: 35]

13. Go, letter, rest not on your way

Author unknown

The poet is in something of a quandary in this poem. He is unsure whether or not the woman he loves is truly in love with him and in a way, he is loath to find out in case he will be rebuffed. It is the desire to know (and yet the not knowing) which are gnawing away at him. In the meantime, the uncertainty has left him in a state of heightened pain and he is unsure what the outcome will be. However, he dreads the metaphorical death that may await him.

Go, letter, rest not on your way
till you shall see my love again,
and ask if I must die straightway
or live eternal years of pain.

And if long pain must be my doom,
then ask if pain shall ending know,
or if I'm destined for the tomb,
if quickly death shall come, or slow.

The longest tale is not the best.
'Tis time to give my latest sigh,
and since in life there comes no rest,
I'll quickly lay me down and die.

And if she will to have me dead,
how gladly I would rest in clay,
if she would would carve above my head
'Here lies the man that I did slay.'

Oh, make my grave on Scotland's shore,
for there it is I long to sleep,

and there she'll come and mourn full sore.
and fall upon my tomb to weep.

Then hasten, letter, do your best,
that she may free me from my woe,
that she may weep and I may rest.
Run swift upon your course, and go!

[Translation by Lord Longford, PFI: 38]

14. Luaithe cú ná a cuideachta

Ní fios cé a chum

Tá an file ag trácht ar phaisean na mná sa dán seo. Cuireann an file in iúl gur bean í atá paiseanta agus ar mór léi an teagmháil fhisiciúil. Léiríonn an file sa dara véarsa, áfach, nach bhfuil sé iomlán tógtha le tréithe sin na mná agus faighimid léiriú ar choimeádacht áirithe san fhile faoin mbean nuair a deir sé gur 'aigneadh baoth nách banamhail' atá aici.

Luaithe cú ná a cuideachta
tosach luighe dom leannán.
Luaithe ná gach truidealta
aigneadh géige an dá gheallámh.

Luaithe ná gaoth earrchamhail
ag buain fá bheannaibh cruaidhe,
aigneadh baoth nách banamhail
ag inghin an ruisg uaine.

Dar an Airdrígh marthanach
bheireas na breatha cruaidhe,
roimpe riamh ní fhacamar
ag mnaoi aigneadh ba luaithe.

[DG: 103]

14. Swifter than greyhound

Author unknown

The poet writes about female passion in this poem. He reveals the woman to be one who is sensual and who revels in intimate physical contact. In the second verse, however, we see that the poet is not entirely taken with these traits in the woman and he reveals a certain level of disapproval in his own more conservative outlook when he describes this ardour as 'empty and dry'.

Swifter than greyhound that none e'er outran
is the will of my mistress to bed with a man.
Swifter than starling her heart is afire
with inconstant desire.

Swifter than gales in the cold time of spring,
around the hard crags ceaselessly ravaging,
is the lust of a heart that is empty and dry,
and a hungry green eye.

By the Lord of Hard Judgment that lives evermore!
By the High King of Heaven, there never before
was her like among women, for who was afire
with so swift a desire?

[Translation by Lord Longford, PFI: 25]

15. Abair leis ná déanadh éad

Ní fios cé a chum

Triantán grá atá i gceist ag an bhfile sa dán seo, is cosúil. Tá sí i ngrá le fear mná eile agus is léir go bhfuil seisean i ngrá léi siúd chomh maith. Níl réiteach simplí ar an scéal. Má mharaíonn an fear an file, gheobhaidh a bhean bás den chumha agus éagfaidh an fear den chroíbhriseadh. Ní fheiceann an file ach réiteach sásúil amháin ar an scéal agus is é sin bás na mná céile ar shlí amháin nó eile. Is cosúil gur rud den sórt sin atá á ghuí aici ar Dhia sa véarsa deireanach ar fad.

Abair leis ná déanadh éad,
's gur bréag an sgéal do cuireadh faoi.
Is aige féin atá mo ghrádh,
is m'fhuath do ghnáth agá mhnaoi.

Má mharbhann sé mé tré éad,
rachaidh a bhean d'éag dom dhíth.
Éagfaidh féin do chumha na mná,
is tiucfaidh mar sin bás an trír.

Gach maith ó neamh go lár
chum na mná agá bhfuil m'fhuath,
's an fear agá bhfuil mo ghrádh
go bhfagha sé bás go luath!

A Rí na ngrása d'árthaigh an t-uisge ana bhfíon,
is chuireas an táirnge i gclár na luinge mar dhíon,
fóir an cás ina dtárla mise agus í.
Bás mo mhná-sa is tásg a fir-se go dtí!

[DG: 103]

15. His jealousy is misplaced

Author unknown

The poet seems to be writing here about a love triangle. She has fallen in love with the husband of another woman and it is clear that he, too, loves her. There is no simple resolution to the problem. One possibility is that the man should kill the poet, but if that happens, the poet thinks that the wife will die of grief and that the husband will follow her from his own sense of loss. The only other solution the poet suggests is the death of the wife one way or another. That would seem to be what she prays to God for in the final verse.

His jealousy is misplaced,
this place is rife with slander;
tell him from me, and make haste,
I love him and can't stand her.

Kill me and he kills himself,
for his wife would follow me;
is all this grief beyond help,
are these three deaths necessary?

In my heart I bless your wife,
though I hate her in your bed,
our love lives while she's alive;
him who loves me can drop dead.

Christ who ordered the storm to stop wrecking the sail,
and patched up the boards of the boat with a nail,
save the boat we are in, this woman and me,
from a man in a fierce storm of jealousy.

[Translation by Augustus Young, DGr: No. 77]

16. Cumann do cheangail an corr

Ní fios cé a chum

Dán é seo ina bhfuil an file ag cur síos ar chumann bréige agus míníonn sé cén dóigh ar tharla an cliseadh caidrimh idir é féin agus a leannán grá. Is dán spochúil, magúil é ach tá léiriú drámata ar ghrá fir ann. Insint fháthchiallach ar scéal an ghrá idir an bheirt atá anseo agus úsáideann an file an corr agus an sionnach chun an casadh sa dán a chur siar go dtí an véarsa deiridh. Is dócha go bhfuil an file sásta bheith ag scaradh leis an mbean sa véarsa deiridh toisc go dtuigeann sé nach raibh sa chumann ón tús ach caidreamh bréige.

Cumann do cheangail an corr
agus sionnach Brí Ghobhann.
Do gheall an sionnach don gcorr
nách brisfeadh choidhche an cumann.

Do b'aimhghlic, is é ar fásach,
taobhadh ris mar chompánach,
d'éis a bheith i bhfad gan bhiadh,
mairg do bhí ar iocht Uilliam.

An corr 'na codladh mar thuit,
do rug sé uirthi ar bhrághaid.
Ní leanabh air – is é a shuim
gur sgar a ceann re a colainn.

Dar leat is í do roinne,
soraidh dár mnaoi chumainne.
Ise an sionnach, mise an corr –
cosmhail re chéile ar gcumann.

[DG: 107]

16. The heron and the fox

Author unknown

The poet, in this poem, describes a relationship that proves untrue and tells how the breakdown between the poet and his lover came about. It is a poem marked by a sense of teasing and mockery but it is also a good portrayal of a man's affection. The tale of love between the pair is related allegorically through use of the fox and the heron and in this way, the poet manages to delay the twist in the poem to the final verse. In the end the poet is happy to part with the woman as he realises that the relationship was built on a false basis from the start.

The heron and the fox agreed
to be from henceforth friends indeed,
for Reynard to the heron swore,
to love and aid her evermore.

Poor bird, to choose for friend a fox
in such a place of barren rocks!
For being long without his food,
who could expect him to be good?

The heedless heron fell asleep;
on her long neck the fox did leap,
and sad to tell among the boulders,
her head was parted from her shoulders.

My lady swore my friend to be,
yet look what she has done to me!
If I'm the heron, she's the fox,
and here we are upon the rocks!

[Translation by Lord Longford, MPFI: 14]

17. A bhean atá lán dom fhuath

Ní fios cé a chum

Is dán eile é seo ina gcuirtear síos ar chumann atá i ndiaidh teacht chun deiridh agus is deacair don fhear glacadh leis go bhfuil an caidreamh marbh. Sraith ceisteanna atá á gcur ag an bhfear ar an mbean agus díríonn sé aird ar na himeachtaí sultmhara sona a bhíodh ar siúl acu nuair a bhí ceangal láidir grá eatarthu. Tá sé ag iarraidh a oibriú amach i rith an dáin cén bealach ar iompaigh an grá a bhí eatarthu, tráth, ina fhuath.

A bhean atá lán dom fhuath
(a Mhic Duach!) ní cumhain leat
oidhche ro bhámair araon
taobh ar thaobh agus tú, a bhean.

Dá madh cumhain leatsa, a bhean,
an feadh rug a teas don ghréin,
do bhí mé, lá, agus sibh –
cá beag sin dá chur a gcéill?

Nó an cumhain leat, a bhas mhaoth,
a throigh leabhair, a thaobh sliom,
a bhéal dearg, a ucht mar bhláth,
gur cuireadh leat lámh fám chionn?

Nó an cumhain leatsa, a chruth suairc,
gibé huair do ráidhis rinn
nár chruthaigh Dia do dhealbh neamh
fear do b'annsa leat ná sinn?

Cumhain liom go raibhe, lá,
do ghrádh agam mar tá t'fhuath:
gá dtáim ris, a chneas mar bhláth –
comhfhada théid grádh is fuath.

Dá gcuirear i gcéill do chách
ní bhia go brách is dá mbeith
grádh ag mnaoi ar fhear faoi'n ngréin,
níor chreite dhó féin go mbeith.

[DG: 112]

17. Woman who hates me so much

Author unknown

This is another poem which deals with a relationship that has come to an end, a poem in which the man has difficulty coming to terms with this fact. He poses a set of questions to the woman and in so doing dwells on the happy, pleasant times they spent together while their love was strong. Throughout the poem, he struggles to figure out out how the love they once had for each could have turned to hate.

Woman who hates me so much,
don't you remember at all
the night we spent on the couch
side by side – don't you recall?

Don't you remember the day
the sun went down, and we were
together, and so we stayed –
but that is a small matter.

Don't you recall the fine touch
of finger along your side,
breasts blossoming to the mouth,
arms around your head held tight?

Or how once, my shapely one,
you whispered, wildly, that He
who created earth a sun
certainly made you for me?

Still I remember a day
of passion strong as of late:

my flower, there's no more to say
but love goes as far as hate.

[Translation by Augustus Young, DGr: No. 85]

18. Meabhraigh mo laoidh chumainn-se

Ní fios cé a chum

'Uabhar gortaithe an fhile atá le brath, adéarfá, tríd síos,' a scríobh Seán Ó Tuama (GFU: 45) faoin dán seo. Tá an file ag caint go hoscailte lena leannán mná sa dán. Tá sé i gceist aige scaradh leis an mbean de bhrí gur caidreamh bréige a caidreamh siúd, dar leis féin. Grá idéalach an fhir don bhean a bhí i gceist anseo i dtosach ach grá é ar theip ar deireadh air. 'Más iad na céadfaithe de réir a chéile a tharraing na leannáin chun aoibhnis an ghrá, is iad na céadfaithe á dtarraingt siar de réir a chéile a scarann iad go buan ó chéile.' (GFU: 46). Déantar cliseadh céimnithe an chaidrimh a ríomh ón gcéad véarsa ar aghaidh sa dán seo.

Meabhraigh mo laoidh chumainn-se,
a bhean an chumainn bhréige:
fuilngim feasta, is fulaing-se,
bheith i bhféagmhais a chéile.

Teacht oram dá gcluine-se
i dtighthibh móra ná i mbothaibh,
le cách orm ná cuiridh-se,
ná cáin mé is ná cosain.

I dteampal ná i mainistir,
cé madh reilig nó réadhmhagh,
dá bhfaice ná dá bhfaicear-sa,
ná féach orm is ní fhéachfad.

Ná habair, 's ní aibéar-sa,
m'ainm ná fáth mo shloinnte;
ná hadaimh, 's ní aidéamh-sa,
go bhfacas tú riamh roimhe.

[DG: 127]

18. Take my song of love to heart

Author unknown

A poem about the wounded pride of the poet or the speaker in the poem was Seán Ó Tuama's assessment of this work (GFU: 45). The poet speaks openly to his lover in the poem. He intends to part from her because he believes that her love for him is no longer true. At first, it is the poet's idealised love for the woman that is to the fore here but this love gradually begins to fail. Ó Tuama also remarks that it is the power of the senses which initially draws the lovers to the pleasures of love, and that it is the slow decaying of these same senses which precipitates their parting forever from one another (GFU: 46). The steady collapse of the relationship is carefully traced from the opening verse onwards in this poem.

Take my song of love to heart,
lady of the lying love:
you and I from this time on
must endure each other's loss.

If you hear them talk of me
in the cottages or the big house
don't discuss me like the rest.
Don't blame me or defend me.

In the chapel, in the abbey,
the churchyard or the open air,
if we two should chance to meet
don't look, and I won't look at you.

You and I, we mustn't tell
my family or Christian name.
Don't pretend, and I won't,
I ever looked at you before.

[Translation by Thomas Kinsella, DPD: 5]

19. 'Sí mo ghrádh

Ní fios cé a chum

Feicimid téama an ghrá éagmaise arís sa dán seo agus tá pian agus fulaingt an fhir le feiceáil go soiléir agus le brath go láidir ar an dán. Tá an file i ngrá go domhain leis an mbean ach ní léiríonn sise suim ar bith ann. Tá sé féin ag cnaoi agus ag meath de réir a chéile de bharr nach bhfuil sé in ann caidreamh grá a bheith aige léi. Is é an rud is truamhéalaí faoin bhfear sa dán seo gur léir nach bhfuil aon tuiscint aige nach bhfuil an bhean lena port a athrú.

'Sí mo ghrádh
an bhean is mó bhíos dom chrádh;
annsa í óm dhéanamh tinn
ná an bhean do-ghéanadh sinn slán.

'Sí mo shearc
bean nár fhágaibh ionnam neart,
bean nách léigfeadh im dhiaidh och,
bean nách cuirfeadh cloch im leacht.

'Sí mo stór
bean an ruisg uaine mar phór,
bean nách cuirfeadh lámh fám chionn,
bean nách luighfeadh liom ar ór.

'Sí mo rún
bean nách innseann éinní dhún,
bean nách cloiseann ní fán ngréin,
bean nách déin orm silleadh súl.

Mór mo chás,
iongna a fhad go bhfaghaim bás;
an bhean nách tiubhradh taobh liom,
dar mo mhionn, is í mo ghrádh.

[DG: 25]

19. She is my love

Author unknown

Once again the theme of unrequited love is to the fore in the following poem and the pain and suffering of the poet may be clearly and strongly felt in the poem. The poet is deeply in love with a woman who shows him no affection in return. He is gradually pining away owing to the fact that he cannot have a loving relationship with her. Perhaps the most pitiful aspect of the portrayal of the poet here is that he has no understanding of the fact that there is no chance that the woman will change her mind.

She is my love,
that is my pain and bane, all pains above.
Dearer is she for plagues that I endure
than other women who my plagues should cure.

My love is she,
the woman that hath left no strength in me,
that after me would never sigh ochone!
That on my grave would scorn to lay a stone.

She is my queen,
whose eye is false and green as any bean,
the girl whose hand deigns not my brows to hold,
the girl who would not lie with me for gold.

She is most dear,
that will not speak to me, that will not hear
from me one thing that's done beneath the sky,
that will not turn to me one glancing eye.

Great is my woe,
and brief my time till I to death must go,
a thumbnail's length, and she that doth me shun,
I swear I love her and no other one.

[Translation by Lord Longford, PFI: 32]

20. Ní truagh galar acht grádh falaigh

Ní fios cé a chum

An dúil agus an grá gan fháil is téama don dán seo a leanas. Sa chás seo déanann an file iarracht an grá atá aige don bhean a cheilt. Nuair a admhaíonn sé a ghrá, áfach, ní dhéanann sé difríocht dá laghad dá chás toisc nach léiríonn an bhean aon tsuim ann tar éis dó a rún a scaoileadh léi. Déanann an file idéalú ar an mbean i rith an dáin nuair a chuireann sé síos go grámhar ar gach cuid dá corp. Ar deireadh thiar cuireann sé i leith na mná gur gadaí í atá i ndiaidh a ghrá di a ghoid agus go bhfuil éagóir déanta aici air dá bharr sin.

Ní truagh galar acht grádh falaigh –
uch! is fada gur smuain mé;
ní bhiad níos sia gan a nochtadh,
mo ghrádh folaigh don tseing shéimh.

Tugas grádh, ní fhéadaim d'fholach,
dá folt cochlach, dá rún leasc,
dá malainn chaoil, dá rosc gormghlas,
dá déid shocair, dá gnúis tais.

Tugas fós, gion go n-admhaim,
grádh mar mh'anam dá píp réidh,
dá guth roibhinn, dá béal blasta,
dá hucht sneachtmhar, dá cígh ghéir.

Uch, monuar! Ní théid i ndearmad
mo ghrádh scamlach dá corp geal,

dá troigh shlimchirt, dá trácht tana,
dá gáire righin, dá crobh thais.

Bíodh nár fionnadh riamh romhainn
méad mo chumainn dí tar chách,
ní bhfuil, ní bhiaidh, is níor imthigh
bean is truime ghoid mo ghrádh.

[ND I: 30]

20. No sickness worse than secret love

Author unknown

Unfulfilled desire and love are the central themes in the following poem. In this case the poet attempts to conceal his love for the woman in question. When he admits his love for her, however, it makes no difference at all to his situation because the woman stills shows no interest in his affections after he reveals his secret. The poet idealises the woman throughout the poem by lovingly describing the various features of her body. Eventually he accuses the woman of being a thief who has stolen his love and who has therefore wronged him by doing so.

No sickness worse than secret love:
it's long, alas, since I pondered that.
No more delay: I now confess
my secret love, so slight and slim.

I gave a love that I can't conceal
to her hooded hair, her shy intent,
her narrow brows, her blue-green eyes,
her even teeth and aspect soft.

I gave as well – and so declare –
my soul's love to her soft throat,
her lovely voice, delicious lips,
snowy bosom, pointed breast.

And may not overlook, alas,
my cloud-hid love for her body bright,
her trim straight foot, her slender sole,
her languid laugh, her timid hand.

Allow there was never known before
such a love as mine for her;

there lives not, never did, nor will,
one who more gravely stole my love.

[Translation by Thomas Kinsella, BIV: 136]

21. Aoibhinn, a leabhráin, do thriall

Ní fios cé a chum

Seo dán ina bhfuil an file, nach dtig leis bheith i gcuideachta a leannáin, ag iarraidh bheith in áit an leabhair atá á léamh aici. Tá an file i bpian an ghrá agus tá sé in éad leis an leabhrán a bheas in aon leaba leis an mbean. Déantar mionchur síos ar áilleacht chorp na mná agus is léir ó chúram an fhile i mbun an chur síos go bhfuil sé dúnta i ngrá léi. Tá cead isteach gach áit ag an leabhar agus ba bhreá leis an bhfile gur aige féin a bheadh a leithéid de phribhléid.

Aoibhinn, a leabhráin, do thriall
i gceann ainnre na gciabh gcam;
truagh gan tusa im riocht i bpéin
is mise féin ag dul ann.

A leabhráin bhig, aoibhinn duit
ag triall mar a bhfuil mo ghrádh;
an béal loinneardha mar chrú
do-chífe tú, 's an déad bán.

Do-chífe tusa an rosg glas,
do-chífir fós an bhas tláith;
biaidh tú, 's ní bhiadsa, faraor,
taobh ar thaobh 's an choimhgheal bhláith.

Do-chífe tú an mhala chaol
's an bhráighe shaor sholas shéimh,
's an ghruaidh dhrithleannach mar ghrís
do chonnarc i bhfís aréir.

An com sneachtaidhe seang slán
dá dtug mise grádh gan chéill,
's an troigh mhéirgheal fhadúr bhán
do-chífe tú lán do sgéimh.

An glór taidhiúir síthe séimh
do chuir mise i bpéin gach laoi
cluinfir, is ba haoibhinn duid;
uch gan mo chuid bheith mar taoi!

[DG: 1]

21. My little book, I envy you your lot

Author unknown

In this poem the poet, who cannot be with his lover, yearns to take the place of the book she is reading. He is suffering the usual love pangs of one in his situation and is envious of the book which will share his lover's bed in his stead. The poem contains a detailed description of the beauty of the woman's body and it is clear from the care that the poet takes with the description that he is besotted with her. The book will have access to his lover at all times and places and he heartily wishes he himself had that privilege.

My little book, I envy you your lot,
for you go journeying where I may not.
I would that you did languish in my stead,
while I beheld my lady's curling head.

You trifling book, I scarcely can approve
that you should go a-visiting my love.
'Tis not your place to see her teeth so white
and look upon those lips of crimson bright.

In sight ere long of that grey eye you'll stand,
and lie within the softness of her hand,
and you shall nestle – would I did this hour! –
upon that bosom brighter than a flower.

And you shall gaze upon that eyebrow slight,
that proud and lovely neck, all snowy white,
upon that cheek aglow like fiery ember
which in my sleep I did last night remember.

That strong and snow-white waist you'll shortly see,
to which I gave my love unthinkingly,

and that bright foot that doth so gently fall
with all its pretty toes, you'll see them all.

And you shall hear that sweetly dying strain,
and every song that filled my heart with pain,
ah! you shall hear, and happy is your case.
Ochone! I would that I were in your place!

[Translation by Lord Longford, PFI: 13]

22. A bhean fuair an falachán

Ní fios cé a chum

Dán eile atá anseo ina ndéantar idéalú ar an mbean ach dírítear go príomha anseo ar ghruaig na mná mar íomhá ar a háilleacht ina hiomláine. Mheas Seán Ó Tuama go raibh an dán seo 'i measc na ndánta is fíneálta sa Ghaeilge' (GFU, 32). Dúirt sé go raibh imeartas focal, tagairtí léannta agus reitric fhileata ann sa dóigh is go bhféadfaí 'meanma phearsanta faoi leith a bhrath á chruthú de réir a chéile ar chúl fhráma *baroque* an dáin'. Is príosúnach í an bhean, ar bhealach, ag áilleacht a cuid gruaige féin, ach fágann sin gur príosúnach atá san fhile chomh maith, toisc go léiríonn sé i ngach uile véarsa go bhfuil sé meallta go hiomlán ag áilleacht fholt a cinn.

A bhean fuair an falachán,
do-chiú ar fud do chiabh snáithmhín
ní as a bhfuighthear achmhasán
d'fholt Absolóim mhic Dháivídh.

Atá ar do chéibh chleachtsholais
ealta chuach i gceas naoidhean;
ní labhraid an ealta-soin,
's do bhuaidhir sí gach aoinfhear.

Do bharr fáinneach fionnfhada
roichidh fád rosgaibh áille,
na ruisg corra criostalta
go mbíd 'na gclochaibh fáinne.

Maise nua do thógbhais-se,
gibé tír as a dtáinig –
do lámh gan idh órdaighthe
is céad fáinne fád bhráighid.

Do chas an cúl tláthbhuidhe
timcheall an mhuinéil dírigh:
iomdha idh fón mbrághaid sin –
is brágha í dáríribh!

[DG: 17]

22. Lady of shrouding hair

Author unknown

In the following poem the poet idealises the woman by concentrating on her hair as an image of her overall beauty. Seán Ó Tuama remarked that this poem was among the finest poems written in Irish (GFU: 32). He stated that through the use of play on words, learned references and lyrical rhetoric a particularly personal sentiment is gradually created via a *baroque* framework. In one way, the woman is a prisoner of her own locks but that also suggests that the poet, who is totally enchanted with the woman's hair, is also a prisoner of sorts since not a verse passes without a reference to its beauty.

Lady of shrouding hair,
in your thread-soft locks we see
that whereby a man might fault
the hair of Absolom, David's son.

There in your bright and braided locks
are cuckoo-curls on point of birth,
a flock that makes no sound
yet still distracts all men.

Your fair long curling hair
falls across your lovely eyes,
eyes that are clear and crystal bright
as the gem stones of a ring.

A new fashion you have found,
whatever country it came from:
your hand without the ring required
but a hundred rings at your throat.

Your hair curls soft and yellow
and circles your upright neck:
your throat so ringed about
it is in chains for certain.

[Translation by Thomas Kinsella, BIV: 135]

23. NÍ BHFUIGHE MISE BÁS DUIT

Ní fios cé a chum

Sa dán seo, cé go bhfuil an file ag fulaingt de bharr a ghrá do bhean áirithe, níl sé faoi léigear mar a bhíonn i samplaí eile de dhánta den chineál seo. Is duine láidir stuama é an file nach bhfuil sásta ligean don mheath agus don chnaoi an lámh in uachtar a fháil air. Feictear an t-idéalú á dhéanamh aige ar chorp na mná agus a háilleacht á moladh go hard aige ach ní fheictear an easpa dóchais nó an easpa tuisceana a bhaineann le fir eile sa chás céanna. Tá an líne 'ní bhfuighe mise bás duit' ar nós curfá a ritheann tríd an dán mar mhana a chuidíonn leis an bhfile seasamh lena rún.

Ní bhfuighe mise bás duit,
a bhean úd an chuirp mar ghéis.
Daoine leamha ar mharbhais riamh –
ní hionann iad is mé féin.

Créad umá rachainn-se d'éag
don bhéal dearg, don déad mar bhláth?
An crobh míolla, an t-ucht mar aol,
an dáibh do-gheabhainn féin bás?

Do mhéin aobhdha, th'aigneadh saor,
a bhas thana, a thaobh mar chuip,
a rosg gorm, a brágha bhán –
ní bhfuighe mise bás duit.

Do chíocha corra, a chneas úr,
do ghruaidh chorcra, do chúl fiar –

go deimhin ní bhfuighead bás
dóibh sin go madh háil le Dia.

Do mhala chaol, t'fholt mar ór,
do rún geanmnaidh, do ghlór leasg,
do shál chruinn, do cholpa réidh –
ní mhuirbhfeadh siad acht duine leamh.

A bhean úd an chuirp mar ghéis,
do hoileadh mé ag duine glic.
Aithne dhamh mar bhíd na mná,
ní bhfuighe mise bás duit!

[DG: 132]

23. I will not die for you

Author unknown

Although the poet in this poem is suffering on account of his love for a certain woman, he is not besieged as poets in other works of this kind usually are. The poet in this instance is strong and wily and is not prepared to give in to any wasting away for love. The idealisation of the woman's body and the high praise for her beauty are still features of the poem but the despair and lack of realisation which are characteristic of other poets in this situation are nowhere to be seen. The line 'I will not die for you' runs through the poem like a refrain which helps to strengthen the poet's resolve.

I will not die for you,
lady with swanlike body.
Meagre men you have killed so far,
and not the likes of me.

For what would make me die?
Lips of red, or teeth like blooms?
A gentle hand, a lime-white breast?
Should I die for these?

Your cheerful mood, your noble mind?
O slender palm and flank like foam,
eye of blue and throat of white,
I will not die for you.

Your rounded breasts, O skin refined,
your flushed cheeks, your waving hair
certainly I will not die
on their account, unless God will.

Your narrow brows, your hair like gold,
your chaste intent, your languid voice,
your smooth calf, your curved heel
only meagre men they kill.

Lady with swanlike body,
I was reared by a cunning hand!
I know well how women are.
I will not die for you.

[Translation by Thomas Kinsella, BIV: 133]

24. Léig díot t'airm, a mhacaoimh mná

Piaras Feiritéar (ob. 1652) a chum an dán seo a leanas. De phór na hardaicme Normannaí é agus ghlac sé páirt in Éirí Amach 1641 agus cuireadh sa phríosún dá bharr sin é. Crochadh i gCill Airne é sa bhliain 1652. Is dán é seo ina bhfuil an file faoi ionsaí ag áilleacht chorp na mná. Samhlaíonn sé na háilleachtaí éagsúla mar airm faobhair agus labhraíonn sé leis an mbean amhail gur saighdiúir í. Dúirt Seán Ó Tuama faoin dán, 'Ba shamhail choitianta é sa bhfilíocht ghrá go "maródh" silleadh súl na mná an leannán fir. Cuireann an Feirtéarach leis an tuiscint sin nuair a deir sé gur dáinséaraí súile na mná óige ná scian ná tua; agus baineann sé síneadh eile fós as an tuiscint nuair a shamhlaíonn sé airm faobhair lena háilleachtaí coirp ar fad.' (GFU: 29).

Léig díot t'airm, a mhacaoimh mná,
muna fearr leat cách do lot;
muna léigir th'airm-se dhíot,
cuirfead bannaí dáirithe ort.

Má chuireann tú th'airm ar gcúl,
foiligh feasta do chúl cas,
ná léig leis do bhrághaid bhán
nár léig duine do chách as.

Má shíleann tú féin, a bhean,
nár mharbhais aon theas ná thuaidh,
do mharbh silleadh do shúl rín
cách uile gan sgín gan tuaigh.

Dar leat acht cé maol do ghlún,
dar fós cé húr do ghlac,
do loitsead a bhfacaidh iad –
ní fearra dhuit sgiath is ga.

Foiligh oram th'ucht mar aol,
ná feicear fós do thaobh nocht,
ar ghrádh Chríost ná feiceadh cách
do chíogh rógheal mar bhláth dos.

Foiligh oram do rosg rín,
má théid ar mharbhais dínn leat;
ar ghrádh th'anma dún do bhéal,
ná feiceadh aon do dhéad gheal.

Más leór leat ar chuiris tim,
sul a gcuirthear sinn i gcré,
a bhean atá rem ro-chlaoi,
na hairm-sin díotsa léig.

[DG: 34]

24. Lay aside your arms, young lady

Piaras Feiritéar (ob. 1652) composed the following poem. He was of Norman aristocratic background and was involved in the 1641 Rebellion, for which he was imprisoned and later hanged in Killarney in 1652. The poet is assailed here by the beauty of the woman's body. The poet imagines that the woman's physical charms are sharp-edged weapons and addresses her almost as he would a soldier. Seán Ó Tuama remarked that a common image in love poetry was that a woman's glance was enough to 'kill' her lover. Ó Tuama considered that Feiritéar was adding to that understanding when he suggests in the poem that all her other bodily attractions are sharp-edged weapons too (GFU: 29).

I charge you, lady young and fair,
straightway to lay your arms aside.
Lay by your armour, would you dare
to spread the slaughter far and wide?

O lady, lay your armour by,
conceal your curling hair also,
for never was a man could fly
the coils that o'er your bosom flow.

And if you answer, lady fair,
that north or south you ne'er took life,
your very eyes, your glance, your air
can murder without axe or knife.

And oh, if you but bare your knee,
if you your soft hand's palm advance,
you'll slaughter many a company.
What more is done with shield and lance?

Oh, hide your bosom limey white,
your naked side conceal from me.

Ah, show them not in all men's sight,
your breasts more bright than flowering tree.

And if in you there's shame or fear
for all the murders you have done,
let those bright eyes no more appear
those shining teeth be seen of none.

Lady, we tremble far and near!
Be with these conquests satisfied,
and lest I perish, lady dear,
Oh, lay those arms of yours aside.

[Translation by Lord Longford, PFI: 3]

25. Dar liom, is galar é an grádh

Ba mhac le hAodh Dubh Ó Domhnaill é Maghnas Ó Domhnaill (c.1490-1564) agus idir na blianta 1537-55 ba é Tiarna Thír Chonaill é. Tá leagan de *Bheatha Cholm Cille* againn uaidh de pheann scríobhaí agus luaitear roinnt dánta leis chomh maith. Sa dán seo cuireann sé síos ar dhrochiarmhairt mhór an ghrá – an croí briste. Samhlaíonn sé an grá mar ghalar agus mar chrá. Tá cur síos lom gonta anseo ar phian an fhile tar éis dó a leannán a chailleadh agus léiríonn sé i línte deiridh an dáin gurb é an té a thugann grá is mó a fhulaingíonn dá bharr.

Dar liom, is galar é an grádh,
gion go bhfuil fedhm a rádh ris;
croidhe eile dlighim uaidh,
an croidhe-se uaim do bhris.

Ós é féin is ciontach ris,
an croidhe-se thig an grádh,
meisde liom loighead a uilc,
acht nách bhfaghainn cuid dá chrádh.

Is truagh nách fuath thugas uaim,
is fuath d'fhagháil uaibh dá chionn;
grádh ó dhuine is mairg do-ghebh,
's is romhairg do-bher, dar liom.

[DG: 71]

25. Love, I think, is a disease

Maghnas Ó Domhnaill (c.1490-1564) was a son of Aodh Dubh Ó Domhnaill, and he was Lord of Tyrconnell during the years 1537-55. We have a version of *Beatha Cholm Cille* dictated by him, which a scribe recorded on his behalf, and he is also credited with having written some poetry and other literary compositions. In the following poem he gives a stark portrayal of the main draw-back of love – the broken heart. He sees love as a disease and a torment. There is a stark, incisive description of the poet's pain at the loss of his lover and his realisation that the one who gives love often suffers most pain.

Love, I think, is a disease,
useless though it is to talk.
I need another heart, through love,
for it has broken the one I had.

Yet since the fault was all its own,
this heart of mine that offered love,
I might as well lie down with the ill
save that I cannot bear the pain.

A pity it wasn't hate I gave,
and hate accepted in return!
Bad luck to the one receiving love
and worse, I think, to the one that gives.

[Translation by Thomas Kinsella, BIV: 140]

26. Cridhe lán do smuaintighthibh

Dán eile le Maghnas Ó Domhnaill an ceann seo a leanas. Caoineadh atá anseo ar bhás a mhná seachas gnáthdhán grá, ach tá an brón agus an grá fite fuaite ina chéile go smior ann. Cé go bhfuil an bhris atá á fulaingt ag an bhfile tubaisteach, is léir go bhfuil an grá in uachtar, go háirithe i línte 7-8.

Cridhe lán do smuaintighthibh
tarla dhúinne ré n-imtheacht;
caidhe neach dá uaibhrighe
ris nách sgar bean a intleacht?

Brón mar fhás na fíneamhna
tarla oram re haimsir;
ní guth dhamhsa mímheanma
tré a bhfaicthear dúinn do thaidhbhsibh.

Sgaradh eóin re fíoruisge,
nó is múchadh gréine gile,
mo sgaradh re sníomhthuirse
tar éis mo chompáin chridhe.

[DG: 73]

26. A heart made full of thought

This poem is also ascribed to Maghnas Ó Domhnaill. It is more a poem of lamentation on the loss of his wife than a love poem, but grief and love are closely intermingled throughout. Although the loss the poet is suffering is profound, in lines 7-8 we see that love, more than any other emotion, is to the fore.

A heart made full of thought
I had, before you left.
What man, however prideful,
but lost his perfect love?

Grief like the growing vine
came with time upon me.
Yet it is not through despair
I see your image still.

A bird lifting from clear water,
a bright sun put out –
such my parting, in troubled tiredness,
from the partner of my heart.

[Translation by Thomas Kinsella, BIV: 139]

27. Goirt anocht dereadh mo sgéal

Maghnas Ó Domhnaill

Mheas Seán Ó Tuama gur dán eile é seo ag Maghnas Ó Domhnaill ar bhás a mhná, Siobhán. Luann sé go bhfuil 'buaine agus meáchan an bhróin atá air ina luí go trom ar gach líne.' (GFU: 40). Deir Ó Tuama gurb é an goirteamas a bhlaiseann an file an mothú is mó atá chun cinn sa dán.' Is i véarsa a trí a thuigimid i gceart gurb é goirteamas an aoibhnis a bhlais sé uair amháin agus atá imithe anois (grá dá bhean chéile) atá ag crá a chroí agus a anama (GFU: 40).

Goirt anocht dereadh mo sgéal –
annamh tréan nách dteagthar ris;
is dearbh dá maireadh Dian Céacht*
nách leigheósadh créacht mo chnis.

Ar mo thuirse ní théid trágh,
mar mhuir lán ós ceannaibh port;
a bhfuair mé do dhochar pian
níor chás rium riamh gus anocht.

Tarla a dheimhin damh, fa-ríor!
gurb annamh fíon bhíos gan moirt;
is géar an fhobhairt é an brón –
dar liom féin is mó ná goirt.

[DG: 74]

Ba é Dian Céacht an lia cáiliúil a bhí ag na Tuatha Dé Danann.

27. Bitter tonight is the end of my tale

Maghnas Ó Domhnaill

Seán Ó Tuama has suggested that this is another poem by Maghnas Ó Domhnaill concerning the death of his wife, Siobhán. He draws attention to the fact that the weight of his grief lies heavily on each line. Ó Tuama also remarks that the bitterness which the poet has tasted is the uppermost emotion in the poem. In the third verse we fully understand that it is the bitterness of pleasure once tasted and which is now gone (the love he felt for his wife), that afflicts the poet's heart and soul (GFU: 40).

A famished end to my tale this night.
It is seldom a strong man will not cure,
but if Dian Cecht* were alive today
this wound in my side he could not heal.

No ebb at all in my weariness,
like an ocean full at the harbour mouth.
Such hard pain as I suffer now
before this night I never knew.

Alas that I have found this truth:
rare is the wine without its dregs,
and nothing tempers hard as grief,
worse, I think, than any famine.

[Translation by Thomas Kinsella, BIV: 139]

* Dian Cecht was the legendary physician and healer of the Tuatha Dé Danann.

28. Tuirseach sin, a mhacaoimh mná

Is é Laoiseach Mac an Bhaird a chum an dán seo agus rugadh i nDún na nGall sa chuid dheireanach den 16ú haois é. Luaitear an bhliain 1600 leis mar *floruit*. Feictear galar an ghrá éagmaise sa chuid luath den dán ach is í an bhean atá ag fulaingt an uair seo. Is léir gur sórt mearghrá an chailín óig d'fhear níos sine ná í atá mar ábhar lárnach ag an dán. Tuigeann an file féin cás an chailín toisc gur fhulaing seisean diúltú an ghrá (ll. 23-4). Chomh maith leis sin, is léir go bhfuil sé tógtha leis an gcailín agus gur ábhar mórtais dó a cuid mothúchán ina leith (ll. 21-2). Is athrú ar an ngnáthfhoirmle a bhaineann le filíocht an ghrá éagmaise an casadh a tharlaíonn sa scéal i dtreo dheireadh an dáin.

Tuirseach sin, a mhacaoimh mná!
do bheith dubhach níor ghnáth leat;
a los h'innmhe i measg do ghaoil,
's iongnadh liom do mhaoith, a bhean.

Gibé heile is damhna dhuit,
ní mheasaim go bhfuil ar h'óidh
éinneach romhad dá bhfuair bás;
nocha dtuigim fáth do bhróin.

H'osna luath, do labhairt mhall –
is cosmhail ribhse, a bharr síodh,
gur imthigh ní éigin ort –
ag sin do chruth ar ndol díot.

Do-chím gur chlaochló a niamh –
an ghruaidh thibhreach, an chiabh thiogh,

an troigh réidh, an bhrágha bhán;
cosmhail go dtugais grádh d'fhior.

Fear ar talmhain dár char tú
ná ceil orm, a chúl na sreabh;
ná fulaing níos foide i bpéin,
dá madh mise féin an fear.

Cead suirghe do-gheabhthá uam,
a bhéal tana ar snuadh na subh:
do thuigfinn do bheith i bpéin –
do bhí mise féin id chruth.

An grádh baoth-sin tugais damh
dá bhfeasainn ort, a bhas shlim,
san mbruid sin ní léigfinn tú;
truagh nár léigis do rún rinn.

Má tá go dtugais grádh dhamh,
fá a chur chugam ná gabh sgáth;
beag dhligheas an náire dhíot;
aithne dhamh mar bhíos an grádh.

Caith oram, a urla fiar,
badh leat gach ní i mbia do chuid;
mo bhréagadh red bhruinne bhán
cá fios nách bhfuil i ndán duit?

Tar ghuidhe mná is docair dul;
bí dom aslach, a chruth fial,
gan fios nách dtiucfadh an uair
ina bhfuightheá uaim do mhian.

Ní beag dhuit ar léigis thort,
tréig h'aithmhéala, nocht do rún,
druid anall, ná bí mar soin,
féach an cruth-soin i bhfoil tú!

[DG: 14]

28. The Sorrowful Lady

This poem was composed by Laoiseach Mac an Bhaird, who was born in Donegal in the latter part of the 16th century. The year 1600 is ususally given as his *floruit*. In the following poem we see, once again, the recurring theme of unrequited love, only this time it is the woman who is suffering. The early part of the poem describes the young girl's affection for a (possibly) slightly older man. The poet understands the girl's situation very well since he, too, has suffered rejection in love (ll. 23-4). As well as that, it is clear that the poet is taken with the girl and that her feelings for him are a source of satisfaction (ll. 21-2). This turn of events towards the end of the poem provides us with a slight twist to the normal formula of the poetry of unrequited love.

A weary sight, my lady, 'tis to see
your strange and long unwonted misery.
And, lady fair, I scarcely can believe
that loss of fortune could your spirits grieve.

Far less, whatever else might pierce your heart,
that you would sit in misery apart.
Because you knew that death had claimed a man
your cause of grief I no way fathom can.

Slow comes your speech, yet quickly breaks your sigh,
my fairy princess, and I do espy
that something has befallen you, my dear.
There's that in your aspect which makes it clear.

I see a change upon your radiance fair,
your dimpled cheeks and thickly clustering hair,
your snowy neck, your feet that swiftly move.
Can it be possible that you're in love?

Hide not his name, my maid of streaming locks,
whoe'er on earth he be, I fear no shocks.

Oh, do not let me linger in my pain!
Tho' I myself am he, the truth explain.

If that be so, I give you leave to woo,
(sweet mouth like crimson berries), this I do,
who understand the fulness of your pain,
for fear that I should suffer so again.

Had I but known your foolish love for me,
I would have saved you from your misery.
Girl of the slender hand, it had been well,
ere you had suffered so, your mind to tell.

If this be true, and I am he you loved,
for telling truth why fear to be reproved?
You owe me little shame, for I have known
the course of love, and not from words alone.

Then trust your heart to me, my fair-haired maid,
and ask your fill, nor shall you be gainsaid.
Who knows if it be not my fate to fall
upon your bosom white and give my all?

Ask then, O Beauty, generous in your pride,
ask all, for when was woman e'er denied?
Ask, for who knoweth if a time shall be
when you may win your heart's desire of me?

Enough of what has been! Forget the past!
Show your contrition, bare your heart at last.
Consider well your plight, nor stand afar.
Draw closer, girl, remember who you are!

[Translation by Lord Longford, PFI: 15]

29. Och! Och! A Mhuire Bhúidh

Is le Domhnall Mac Cárthaigh, an chéad iarla ar Chlann Chárthaigh, a luaitear an dán seo. Is é an tiarna Gaelach is mó a bhí chun cinn i gCúige Mumhan faoi lár an 16ú haois. Is í an Bhanríon Eilís I a rinne Iarla ar Chlann Cárthaigh de. Sa dán seo tá an file ag streachailt lena chuid mianta agus iarrann sé cúnamh ar Mhuire, Máthair Dé, cabhrú leis iad a cheansú. Ní féidir leis gan smaoineamh ar áilleacht chorp na mná agus ar an tarraingt fhisiciúil a mhothaíonn sé di ach is trua leis nach bhfuil sé in ann smacht níos fearr a choinneáil air féin.

Och! och! a Mhuire bhúidh,
a Bhuime Dé,
tugas grádh m'anma do mhnaoi
lér marbhadh mé.

Atá an toil, a Mhuire mhór,
'na tuile thréin;
do mharbh sin do láthair mé,
a Mháthair Dé.

Tugas grádh m'anma do mhnaoi,
och! a Dhé,
's ní ráinig liom a innsin dí
gur milleadh mé.

Grádh dá geilchígh is gile gné,
mar lile ar lí,
's dá folt dualach druimneach dlúth
is ualach dí.

Grádh dá gealghnúis chriostail mar rós
nár chiontaigh le haon,
's dá dhá gealghlaic leabhra lúith
lér mealladh mé.

Rug a haolchorp sleamhain slán
mo mheabhair uaim;
milseacht a gotha 's a glóir,
mé im othar uaidh.

Atáim 'na diaidh, ochán, och!
im bhochtán bhocht;
truagh gan na sluaighse ar mo leacht
ag cruachadh cloch.

Truagh gan bráithre ag mianán orm
le siansán salm,
ó tharla mé, a Mhuire mheirbh,
im dhuine mharbh.

Amhrán a béil, bile mar rós,
milis mar thúis,
do chuir mé ar buile báis –
cá cruinne cúis?

A ógh lér cheanglas mo chruth,
do cheanglais mo chorp;

féach de réir chéille agus chirt
ar n-éiric ort.

Fóir mé, ós féidir leat,
a ghéag gan locht;
fóir mé le comhrádh do chuirp;
ochán, och!

[ÉDN: 181]

29. O Virgin Mother above

This poem is ascribed to Domhnall Mac Cárthaigh, the first earl of the Clann Chárthaigh. He was the most important Gaelic chieftain in Munster by the middle of the 16th century and it was Queen Elizabeth I who made him first earl. In this poem the poet, who has fallen in love with a beautiful woman, struggles with his desires and pleads with the Virgin Mary to help him overcome his passions. He cannot avoid thinking about the beauty of the woman's body and the physical attraction he feels for her.

O Virgin Mother above!
I tell thee my pain.
I gave to a woman my love,
and by her I am slain.

O Mary, desire in its might
hath over me flowed,
and therefore I die this night,
O Mother of God.

I gave my heart's love to a maid –
God knoweth it well –
but how could I have essayed
my sickness to tell?

I have pined for her breasts that showed
like the lily fair,
for the close and clustering load
of her coiling hair.

For the crystal and rose all bright
that never knew stain,
for the fingers nimble and white
that lured me to pain.

By her body slender and strong
were my wits o'erthrown.
Sickened by sweetness of song
I am pining alone.

Sad is my lonely bed!
Ah, sad are my moans!
Ah, would that over my head
they were heaping the stones!

That the friars sang psalms for me
after my pain,
O merciful, sweet Mary,
for now I am slain!

Fragrance of incense, glow
of the rose, and the song
of her mouth, that hath brought me low!
Oh, measureless wrong!

I am chained and bound to a maid,
to a maid alone!
Girl, are you not afraid
for what you have done?

'Tis you can give me your aid,
you can save me alone,
could I lie in the arms of a maid!
Ochone! Ochone!

[Translation by Lord Longford, PFI: 28]

30. Congaibh ort, a mhacaoimh mná

Is é Eochaidh Ó hEódhusa (c.1560-1612) a chum an dán seo. Bhain sé le clann bard i gCo. Fhear Manach a d'fheidhmigh mar fhilí oifigiúla ag taoisigh Chlann Mhig Uidhir. Maireann isteach agus amach le caoga dán dá chuid go fóill. Scríobh an scoláire aitheanta ar fhilíocht na mbard, Pádraig A. Breatnach, go bhfuil ardmheas ar fhilíocht Uí Eódhusa de bharr go mbaineann foirfeacht ceapadóireachta, nuálacht friotail agus íomhára, agus iléirim téamaí léi. (EI: 820). Sa dán seo a leanas tá an file ag moladh do bhean óg gan pósadh. Maíonn sé go bhfuil sé cinnte go maróidh an pósadh an grá ceart ina cás siúd. Santaíonn sé féin an bhean a phósadh agus tugann sé le fios di nach bhfeofaidh a ghrá siúd murab ionann agus grá fir eile. Cuireann rialtacht na líne 'cuimhnigh oram, ná pós fear' le diongbháilteacht an fhir agus leis an síor-éileamh atá ar siúl aige i rith an dáin.

Congaibh ort, a mhacaoimh mná,
gabh mo theagasg madh áil leat.
Congaibh h'intinn go fóill,
cuimhnigh oram, ná pós fear!

Gion go ngeabhthá teagasg uaim,
a stuaigh mhíolla na ngruaidh ngeal,
(ní haithnidh dhuit mé go fóill),
cuimhnigh oram, ná pós fear!

Má tá nách aithnidh dhuit féin
an corp seang nách léir do neach,
nó an chíoch chruinn ceiltear le sról,
cuimhnigh oram, ná pós fear!

Ná braitear do ghrádh ná t'fhuath,
ná nocht h'intinn go luath leamh.
Ceil do rún, taisigh do phóg.
Cuimhnigh oram, ná pós fear!

Cuimhnigh oram, ná pós fear!
Tiocfa mise, an mar tá,
dot fhéachain gidh deacair tocht.
Congaibh ort, a mhacaoimh mná.

[DG: 138]

30. MY YOUNG WOMAN, MIND YOURSELF

This poem was composed by Eochaidh Ó hEódhusa (c.1560-1612). He belonged to a family of hereditary poets who acted as bards to the chieftains of the Maguire clan in Co. Fermanagh. Approximately fifty poems by him have survived. An anthority on bardic poetry, Pádraig A. Breatnach, has remarked that Ó hEódhusa's poetry is highly regarded for its 'consistent compositional perfection, originality of expression and imagery, and thematic versatility' (EI: 820). In the following poem the poet advises the young woman not to marry. He points out that marriage will smother any true feelings of love if she goes ahead with it. He himself wants to marry her and he makes the claim that his love unlike that of other men, will not wither and die should she marry him. The regular recurrence of the line 'think of me and do not wed' adds to the sense of persistence in the poem and re-enforces the poet's constant pleading throughout.

My young woman, mind yourself
by minding me, keep your head;
you can't cheat me with your health;
keep me in mind, do not wed.

On deaf ears my caution falls
now your cheeks are round and red
(you do not know me at all),
prepare for me, do not wed.

You don't know yourself, much less –
breasts abounding under plaid,
still in your person modest –
think of me and do not wed.

Why waste your love or hate on
any man, don't go ahead;
their kisses don't taste for long,
consider me, do not wed.

Mind yourself, my young woman;
be in no hurry to wed;
wait, don't worry, I'm coming
the long way round to your bed.

[Translation by Augustus Young, DGr: No. 103]

31. Mairg darab galar an grádh

Luaitear an dán seo le hIsibeul Ní Mhic Cailin, Cuntaois Oirear Gall, bean nach eol dúinn go beacht cérbh í. Port na mná a thugann grá faoi rún atá i gceist leis an dán seo a leanas, port neamhchoitianta. Tá grá tugtha ag an bhfile d'fhear nach féidir léi a ainmniú ach is léir nach bhfuil an bláthú a shíl sí a thiocfadh ar an gcaidreamh tar éis tarlú. Tá sí ciaptha ag galar an ghrá agus an dúil gan fháil agus i dtreo dheireadh an dáin is ea a thuigeann sí go mb'fhéidir nach dtiocfaidh aon bhláthú ar an ngaol. Fágann an tusicint sin go nguíonn sí an chuid is measa air féin sa dá líne dheireanacha.

Mairg darab galar an grádh
gibé fáth fá n-abraim é.
Is deacair sgarthain re a pháirt;
truagh an cás a bhfuilim féin.

An grádh-soin tugas gan fhios,
ós é mo leas gan a luadh,
muna fhaghad furtacht tráth,
biaidh mo bhláth go tana truagh.

An fear-soin dá dtugas grádh
's nách féadaim a rádh os aird.
Dá gcuire sé mise i bpéin,
go madh dó féin bhus céad mairg!

[DG: 74]

31. Woe to one that's plagued with love

This poem is ascribed to Isibeul Ní Mhic Cailin, the Countess of Argyll, a woman whose identity has not been clearly established. In the following poem, we hear the voice of the woman who has given her love in secret, a voice seldom heard. She has pledged her love to a man whose name she cannot utter or reveal and it is clear that the flowering she thought would come of this relationship has not happened. She is tormented by love's disease and by unfulfilled passion and towards the end of the poem she realises that the relationship may not blossom. This realisation leads her to wish her thoughtless lover, in the last two lines, a fate worse than her own.

Woe to one that's plagued with love,
this I say nor tell you why.
Who this sickness can remove?
Sad the case in which I lie.

I my heart in secret gave,
since my love I might not say.
And if no one comes to save,
beauty's flower shall soon decay.

I have given my heart to one,
given a love that can't be told.
If I still must pine alone,
woe to him a hundredfold.

[Translation by Lord Longford, PFI: 58]

32. Is aoibhinn duit, a dhuine dhuill

Le Uilliam Ruadh a luaitear an dán seo, fear nach bhfuil aon eolas againn ina thaobh. Sa dán seo tá an file ag míniú do dhuine dall go bhfuil an t-ádh air nach bhfuil radharc aige ar mhná. Tá deireadh i ndiaidh teacht le caidreamh grá aige le bean agus is dóigh leis an bhfile go mbeadh sé chomh maith aige bheith dall le nach bhfeicfeadh sé ar chor ar bith anois (ná ón tús) í.

Is aoibhinn duit, a dhuine dhuill,
nách faiceann puinn de na mnáibh!
Och, dá bhfaicfeá a bhfaiceann sinn,
do bheifeá tinn mar táim.

Is trua, a Dhia, nách dall do bhíos
sul do chínn a cúl casta,
a corp sneachta slisgheal saor –
och, is saoth liom mo bheatha!

Daoine dalla ba trua liom
gur fhás mo ghuais tar phúir cháich.
Tugas mo thrua, cé trua, ar thnúth,
i lúib na lúb ag lúib atáim.

Is mairg riamh do chonnairc í,
's is mairg nách faiceann í gach lá.
Is mairg ar a bhfuil snaidhm dá searc,
's is mairg sgaoilte as atá.

Is mairg do théid dá fios.
Is mairg nách fuil dá fios do ghnáth.
Is mairg duine bhíodh 'na haice,
's is mairg nách 'na haice tá.

[DG: 37]

32. To a blind man

This poem is ascribed to someone known only as Uilliam Ruadh, a man we know nothing about. The poet in this work addresses a blind man and explains to him that he is lucky not to have to look at women. The poet appears to be coming out of a relationship with his lover and feels that were he blind, he would not have to look at her at all now, or better still, that he might never have fallen in love with her to begin with.

Now thank the Lord that you are blind
and here's the reason why,
for had you gazed on womankind
you'd be as sick as I!

Oh why had I two eyes to see
the rippling of her hair,
her snowy limbs whose motion free
hath left me to despair?

And I that pitied once the blind,
so great my grief has grown,
that pity now I long to find,
undone, undone, undone!

Alas that her I ever saw,
whom I each day would see!
'Tis sorrow to obey her law
and sorrow to be free.

'Tis grief to go where dwells my dear,
and grief to shun the spot;
'tis misery when she is near,
and Hell when she is not!

[Translation by Lord Longford, MPFI: 5]

33. A bhean lán de stuaim

Rugadh Séathrún Céitinn sa bhliain 1580, nó mar sin, sa Chathair i gCo. Thiobraid Árann. Cuireadh oiliúint sagairt air sa Fhrainc agus faoin mbliain 1610 bhí sé ar ais in Éirinn ina dheoise dhúchais, Port Láirge agus Lios Mór. Scríobh sé roinnt tráchtas tábhachtach ar chúrsaí creidimh, *Eochair-Sgiath an Aifrinn* agus *Trí Bior-Ghaoithe an Bháis* agus ar chúrsaí staire, *Foras Feasa ar Éirinn*. Chum sé cuid mhór filíochta ar théamaí éagsúla chomh maith, a bhfuil an dán thíos ar na cinn is cáiliúla. Is dán é a chuireann síos ar dhiúltú an fhir do ghrá collaí mná áirithe. Sa chás seo deir an file nach 'fear gníomha' é féin. De réir an dáin is fear aosta atá i gceist leis an té atá ag diúltú don chaidreamh collaí ach ní léir an é an t-éagumas fearga an chúis atá leis an diúltú.

A bhean lán de stuaim
coingibh uaim do lámh;
ní fear gníomha sinn,
cé taoi tinn dar ngrádh.

Féach ar liath dem fholt,
féach mo chorp gan lúth,
féach ar thraoch dem fhuil –
créad re bhfuil do thnúth?

Ná saoil mé go saobh,
arís ná claon do cheann;
bíodh ar ngrádh gan ghníomh
go bráth, a shíodh sheang.

Druid do bhéal óm bhéal –
doiligh an scéal do chor –

ná bíom cneas re cneas:
tig ón teas an tol.

Do chúl craobhach cas,
do rosc glas mar dhrúcht,
do chíoch chruinngheal bhláith,
tharraingeas mian súl.

Gach gníomh acht gníomh cuirp
is luighe id chuilt shuain
do-ghéan féin tréd ghrádh,
a bhean lán de stuaim.

A fhinnebhean tséimh shéaghanta shárchaoin tsuairc
na muirearfholt réidh raonfholtach fá a ndíol gcuach,
is iongnadh an ghné thaomannach fhásaíos uait;
gé doiligh an scéal, tréig mé agus táig dhíom suas.

Do-bheirimse fém bhréithir dá mbáití an slua
san tuile do léig Vénus 'na táclaí anuas,
a bhurraiceach-bhé mhéarlag na mbanchíoch gcruaidh,
gur tusa mar aon céidbhean do fágfaí im chuan.

[ND I: 15]

33. O WOMAN SKILLED IN AMOROUS TRICK

Geoffrey Keating was born around the year 1580 near Caher in Co. Tipperary. He studied for the priesthood in France and by the year 1610, he was back in his native diocese of Waterford and Lismore. Keating is renowned for his theological writings, e.g. *Eochair-Sgiath an Aifrinn* and *Trí Bior-Ghaoithe an Bháis* and for historical works, e.g. *Foras Feasa ar Éirinn*. He also wrote quite a body of poetry on various topics, of which the following poem is among the more famous. It is a poem which describes a man's rejection of a sexual encounter with a certain woman. In this particular case, the poet states that 'he is not an active man'. According to the poem the man who is refusing the woman's advances is aged but there is no suggestion that it is a lack of sexual prowess which is holding him back.

O woman skilled in amorous trick,
keep off that hand that fondles still.
Tho' you for loving languish sick,
I'm not the man to do your will.

Behold my greying hairs, behold
my limbs without agility,
my ebbing blood, my fires grown cold!
What is it you would have of me?

Bend not that face to mine, I plead,
grown wiser than I was before,
but let me love without the deed,
my young enchantress, evermore.

No more let mouth on mouth be pressed,
however hard the sentence be,
lest heat of lovers breast to breast
revive the fire that slept in me.

The curls upon your neck have power,
your grey eye bright with tender dew,
your rounded bosom like a flower,
to draw all passion after you.

No deed of body would I do,
in slumbrous bedclothes muffled thick;
all else that's mine I yield to you,
O woman skilled in amorous trick!

O beautiful lady, so gentle and mild and fair,
O weight of rich tresses, O ranges and rolls of hair,
what fits and what wasting fevers you stir in me!
Oh flee from me, leave me, tho' cruel and hard it be.

Yet I gave you my promise, bright girl of the firm, fair breast,
if there came a great storm from Venus and drowned the rest,
and you swam to my arms to escape from the tempest's rage,
you would find in my harbour perpetual anchorage!

[Translation by Lord Longford, DCPI: 67]

34. Soraidh slán don oidhche aréir

Niall Mór Mac Muireadhaigh (fl. 1600) a scríobh an dán seo. Dán drámata é seo ina bhfuil an file ag cur síos ar nádúr an ghrá idir é féin agus a leannán. I dteach nó i gcúirt éigin atá siad ach ní féidir leo teagmháil a dhéanamh lena chéile de bharr go bhfuil go leor daoine eile thart atá ag faire orthu. Ag tnúth le hoíche eile amhail an oíche a bhí aige léi an oíche roimh ré atá an file sa chás seo. Cuireann an t-aon teagmháil is féidir leis an mbeirt a dhéanamh – an teagmháil súl – go mór le drámatacht agus le teannas an dáin. Mothaíonn an léitheoir gur cuid de dhráma aighnis é agus tá an teannas collaí chomh maith leis an teannas cumarsáide lárnach sa dán ó thús go deireadh.

Soraidh slán don oidhche aréir,
fada gearr a dul ar gcúl;
dá ndáiltí mo chur i gcroich
is truagh nach í anocht a tús.

Atáid dias is tighse anocht
ar nach ceileann rosc a rún;
gion go bhfuilid béal le béal
is géar géar silleadh a súl.

Truagh an chuibhreach do-ní an chiall
le silleadh suirgheach na súl;
ní feirrde an tost do-ní an béal
scéal do-ní an rosc ar a rún.

Ní léig eagla lucht a mbréag
smid tar mo bhéal, a rosc mall;

acht tuig-se an ní adeir mo shúil
agus tú insan chúil úd thall.

'Congaibh dhúinn an oidhche anocht,
's truagh gan sinn mar so go bráth;
ná léig an mhaidean isteach,
éirigh 's cuir amach an lá!'

Uch! a Mhuire, a bhuime sheang,
ós tusa is ceann ar gach cléir,
taraigh agus gabh mo lámh –
soraidh slán don oidhche aréir.

[ÉDN: 183]

34. The vanished night

This poem was composed by Niall Mór Mac Muireadhaigh (fl. 1600). In this dramatic piece the poet addresses the nature of his relationship with his lover. They are in a house, or possibly a court, where they cannot contact one another because there are too many people watching them. The poet yearns for another night with his lover like the one they spent together the previous night. The only means of contact they can safely use is that of the eyes and this adds greatly to the drama and tension in the poem. The reader is drawn into the poem as if he were part of a drama and the sexual tension, as well as the tension in the eye-contact, are central throughout.

God be with the night that's gone!
Long the day it ushered in;
if ever I be crucified
tonight my torments should begin.

A pair within this house tonight
have secrets that their eyes express.
Long, ah long the looks they mingle
as though they lingered in a kiss!

Silence is what tells the tale
of the love their lips conceal.
Why should silence seek to veil
secrets that their eyes reveal?

O eyes I love, the mockers' tongues
have kept me silent in your sight,
but look in mine! They cry aloud
the words I whispered in the night.

'Keep tomorrow night for me!
Could we but always live this way!

Do not let the morning see!
Sweetheart, rise! Shut out the day!'

Virgin Mary, gentle nurse,
patron of lovers, from your throne,
look on us and lend us aid —
God be with the night that's gone.

[Translation by Frank O'Connor, KLC: 67]

35. Do Mháire Tóibín

Ba shagart agus file é Pádraigín Haicéad (c.1600-1654) a rugadh in aice leis an gCathair, Co. Thiobraid Árann. Ba shagart Doiminiceach é a chaith tamall ag staidéar i Lobháin. Tá an dán seo a leanas in onóir Mháire Tóibín agus leanann sé an stíl thraidisiúnta mar a bhaineann le háilleacht agus sciamh na mná a mhóradh agus a cheiliúradh. Dar leis an bhfile, is bean í Máire Tóibín a lasann an saol thart timpeall uirthi agus a ghealann an bheatha nuair atá sí ann.

Dála an nóinín – (ó' d-chí soilse i ngréin
is gearr go gcomhsgaoil clóilíon trilseach géag,
is tráth um nóin laoi, ar dtós dí i gcoim na néall,
fáisgidh fóichnín pórdhlaoi chruinn a craobh) –

Mo dháil le hóigín óirnidhe is milse méin,
Máire Tóibín, lóithnín lingthe laoch,
ghrádhmhar ghlóirfhíor ghnóchaoin ghrinnghlic ghaoth;
tálaim óm chlí sódh sídhe is sinn lairé.

'S mar fhágbhas m'óighbhríd gcóirchíogh gcoimseach mé,
ní fhághaim óm chroidhe comhnaidhe i gcuing go gcéill,
acht trácht, ar nós tsíor-nóinín fhinn na raon,
rem bháthadh i mbrónchaoi ghleódhaoir ghoilseach ghéir.

Má tá nach dóigh shíl tóraidhe i ndruim a dlaodh,
táinig cróch buidhe i gcoróin naoi a cinn gan chré,
fánar cóirigheadh bord-dhlaoi choinnleach chlaon
do tháin na n-eón bhíos ó shín gheimhridh tréith.

Ní táire fóisgríob chló chaoilphinn go ngléas
ná a dhá córrbhraoi ar shnó an daoil chionnduibh chéir,
ós ardaibh bórrbhlaoisg mhórdhaidhe a lionnruisg léith,
láimh re sómplaíbh róis trí fhionn 'na gné.

Cáidh 's is cóir í a sróinín; slim a taobh;
breághdha a beól caoin; cróichíor chruinn a déad;
álainn óghshnoighe a meóir mhín trilseas gréas,
is sgáil a sgornaighe fó mbíonn sgim ar aol.

Ní sáimhe ceól sídhe i bhfóidtír inse Néill,
's i gcáil ní glóraighe geóin tsaoi sheinnte téad,
ná rádha róchaoin bheóilín bhinn na bé,
sás ler thóg sí an ceó bhí ar m'intinn féin.

Cé tharla slóighlíon d'óigshíol Ghoill is Ghaoidheal,
i gcásaibh cróilighe ó a ghrís tinnsheirc tréimhs',
i n-áitibh óglaoich an ngeóbha sí sbreill mar mé?
Ní fearr mo bheó, 's ní móide í sinn iar n-éag.

[FPH: 3]

35. To Mary Tobin

Pádraigín Haicéad (c.1600-1654) was a priest and poet who was born near Caher in Co. Tipperary. He was a Dominican who studied for a time in Louvain. The following poem is written in honour of a woman called Mary Tobin and it follows the traditional style of such praise poetry, especially the celebration of the woman's personal traits and physical beauty. The poet tells us that Mary Tobin is a woman who lights up the world around her and who brightens all life when she is near.

Like the daisy when first it sees the sun
and its interlocking petals loosen all at once
or in the evening at the first cloud's cover
when its seedhead by a leaf is sheltered over:

so I, when this sweet distinguished friend –
Mary Tobin, breath of air, that storms the fighting men;
my true-voiced love who moves with gentle ease –
when I'm with her my heart pours out a gentle peace;

and if she leaves, my virgin of the perfect breasts,
my heart does not allow me sensibly to rest
but moves like the white eternal daisy of the field
and drowns me in the clamour of a bitter grief.

Though fruits do not seed on the crown of her head
yet the crocus comes forth, where there is no earth
and around goes a plait, glittering, in the form
of a birdflock tired from a winter storm.

A stroke from a sharpened quill is not more slim
than her eyebrows black as the beetle's wing
above her eyes – two spheres of liquid grey –
the archetypal rose is in the whiteness of her face;

her fine and smooth and well-proportioned nose,
her gentle lips that well-shaped teeth enclose –
lovely her holy hand fashioning needlework,
lovely her throat's hue beside which lime seems dull.

Entrancing music in our land gives not more peaceful sound,
the expert harpist's air has no more eloquence
than the smallest saying of her sweet mouth
that lifts the fog that clouds up all my sense.

Many young men come, all of Norman-Irish seed,
unmanned in the embers of their aching need:
instead of these, to choose such a wretch as I?
No better than death my life: no richer she that I die.

[Translation by Michael Hartnett, H: 17]

36. Fada ar gcothrom ó chéile

Bhí clú an leannáin ghrá ar Chearbhall Ó Dálaigh (fl. 1620) a bhain leis An bPailís, Co. Loch Garman de réir an bhéaloidis (EI: 808). Is cosúil gur thit sé i ngrá le hEleanor, iníon le Murchadh Caomhánach, ó Chluain Mealláin, Co. Cheatharlach agus gur imigh sé léi i gcoinne thoil a hathar. Sa dán seo a leanas, caoineann an file an easpa grá a léiríonn a leannán dó. Tá seisean dúnta i ngrá léi ach 'gan í go suilbhir umainn'. Tá eilimint den ghrá éagmaise sa dán seo agus mothaímid pian agus díomá an fhile go tréan ó thús go deireadh. Tá easpa suime na mná chomh láidir céanna agus atá dúil an fhile inti agus is sa chontárthacht sin is mó a luíonn éifeacht an dáin.

Fada ar gcothrom ó chéile,
mise is mo chéile chumainn,
mise go ndíoghrais uimpi,
's gan í go suilbhir umainn.

Go dtréigfeadh mise ar shaibhreas
níl ann acht ainbhfios céille,
's nách tréigfinn mo bhean chumainn
's a teacht chugainn 'na léine.

Aici-se is ualach éadrom
a searc, is tréantrom oram,
's nách déanann goimh dom ghalar,
ó chéile is fada ar gcothrom!

[DG: 78]

36. My love from me is far apart

According to folklore Cearbhall Ó Dálaigh (fl. 1620), who was associated with Pallace in Co. Wexford, was renowed as a lover. He was said to have fallen in love with Eleanor, daughter of Murchadh Caomhánach, of Clonmullen, Co. Carlow, who eloped with him against her father's wishes (EI: 346, 808). In the following poem, the poet laments the lack of affection his lover shows him. He is completely in love with her and the line 'she only loves me playfully' gives us some indication of the depth of his despair. There is an element of unrequited love in this poem and we feel the poet's pain and disappointment very deeply from start to finish. The woman's lack of interest is as strong as the poet's desire for her and the impact of the poem lies in this contrast.

My love from me is far apart,
tho' ever in my company.
For I do love her from my heart,
she only loves me playfully.

Oh, foolish love! 'Tis most unfair!
For she for gold would me betray,
whilst I would love her poor and bare
as dearly as I do today.

She finds our love a burden slight,
this weight that almost breaks my heart
with pain of which she makes but light.
Indeed my love, we're far apart!

[Translation by Lord Longford, PFI: 26]

37. ÚNA BHÁN

Is le Tomás Láidir Mac Coisdealbha (fl. 1660), a rugadh i Maigh Luirg i gCo. Ros Comáin, a luaitear an dán seo de ghnáth. Mac Diarmada an taoiseach a bhí ar Mhaigh Luirg, seantuath i Ros Comáin thuaidh. Bhí clú agus cáil na háilleachta ar a iníon, Úna Bhán, a ainmníodh as a cuid fionnghruaige. Ba chomharsa le Mac Diarmada Tomás Láidir. Thit Úna Bhán agus Tomás Láidir i ngrá lena chéile agus bhí siad ag iarraidh pósadh ach ní cheadódh athair Úna é toisc gur cheap sé nach raibh Tomás maith go leor di. Ruaigeadh Tomás ón gceantar ach thit briseadh croí ar Úna agus thosaigh sí a chnaoi. Thug Tomás cuairt uirthi agus ghlac móid nach bhfillfeadh sé choíche arís mura gcuirfeadh Mac Diarmada teachtaire faoina choinne sula sroichfeadh sé an abhainn. Cuireadh an teachtaire ach níor aimsigh sé Tomás sular thrasnaigh sé an abhainn. Níor mhian le Tomás dul siar ar a mhóid agus níor fhill sé dá bharr sin. Fuair Úna Bhán bás den bhriseadh croí agus cuireadh ar Oileán na Tríonóide í. Bhí oiread cumha ar Thomás Láidir go snámhadh sé go dtí an t-oileán gach oíche chun faire ar a huaigh. Tháinig drochthinneas air agus nuair a thuig sé go raibh an bás aige, d'iarr sé ar Mhac Diarmada é a chur taobh le hÚna Bhán. Fuair sé mian a chroí agus tugadh an bheirt leannán le chéile ar deireadh. Áirítear an dán seo ar mhóramhráin na Gaeilge.

A Úna Bhán, a bhláth na ndlaoi ómra,
tá 'réis do bháis de bharr droch-chomhairle;
féach, a ghrá, cé acu ab fhearr den dá chomhairle,
a éin i gcliabhán, is mé in Áth na Donóige.

A Úna Bhán, ba rós i ngairdín thú,
's ba choinnleoir óir ar bhord na banríona thú;
ba cheiliúr is ba cheolmhar a' goil an bhealaigh seo romham thú,
'sé mo chreach-mhaidne brónach nár pósadh liom thú.

       A Úna Bhán, 's tú a mhearaigh mo chiall;
         a Úna, 's tú a chuaigh go dlúth eadar mé 'gus Dia;
         a Úna, a chraobh chumhra, a lúibín chasta
            na gciabh,
         is go mb'fhearr liomsa bheith gan súile ná thú
            fheiceáil ariamh.

[PR: 86]

37. Fair Úna

This poem is normally ascribed to the poet Tomás Láidir Mac Coisdealbha (fl. 1660) who was born in Moylurg in north Roscommon. Mac Diarmada was the chieftain of the kingdom of Moylurg and Tomás Láidir was a neighbour of his. Úna Bhán and Tomás Láidir fell in love and wished to marry but MacDermott would not permit the marriage because he thought Tomás Láidir was not good enough for his daughter. Tomás Láidir was banished from the area but Úna Bhán, overcome by sadness, began to pine away. Tomás Láidir went to see her and as he left, vowed that if MacDermott did not send a messenger for him to return before he reached the river, he would never go back. The messenger was sent, but did not reach Tomás Láidir until after he had crossed the river. Tomás Láidir was a man of his word and he did not want to break his vow, so he did not return. Úna Bhán died of a broken heart and was buried on Trinity Island. In his grief Tomás Láidir used to swim to the island every night to keep vigil at her graveside. Eventually he grew ill and realising that he was dying, asked that MacDermot allow him to be buried beside Úna Bhán. His request was granted and thus the two lovers were belatedly united. This poem is acknowledged to be one of the great songs of the Irish language.

O Úna Bhán, you were all I had eyes for;
   your death was caused by a false adviser;
   I wish to the Lord I was warned to be wiser,
     and to wait in the water till you called me beside you.

O Úna Bhán, like a rose on a garden wall,
like a golden bowl in a noble banquet hall,
  sweet music you composed on the road going grand and tall,
   and my grief I never owned you or rolled you in my arms at all.

O Úna Bhán, it was you who drove me mad;
O Úna, 'twas you and your beauty tore me from God;
O Úna, I was ruined by the view of your fine fair head,
and if I could choose, I'd sooner be blind or dead.

[Translation by Brian O'Rourke, PR: 94]

38. Ó THUGAS MO GHRÁ DHUIT

Is í Úna Ní Bhroin (ob. 1706/7) a cheap an dán seo mar fhreagra ar cheann a scríobh an fear a phós sí, an file agus an scoláire, Seán Ó Neachtain, agus a thosaíonn leis an líne 'Rachainn fón choill leat a mhaighdean na n-órfholt'. Ní fios aon dán eile dá cuid a bheith ar marthain (FDAW iv: 422). Is dán grá i mbéal na mná é seo ina bhfógraíonn an bhean grá a cléibhe dá leannán fir. Níl uaithi ach bheith ina chuideachta agus beidh sí sásta gan comhluadar cairde nó gan bia agus deoch féin.

Ó thugas mo ghrá dhuit, mo lámh is mo ghealladh,
aon uair amháin duit, a Sheáin óig Uí Neachtain,
ar chomhairle mo chairde mo pháirt leat ní scarfad,
mar b'fhearr liom-sa láimh leat i n-áras na n-aingeal.

A stórach, bheinn beo, 'sé mo dhóigh, go ceann bliana
gan dadamh a ól ná lón ar bith d'iarraidh,
mo bhéal ar do bhéal-sa 's mo dhóid ar do chliabh-sa,
ag éisteacht do ghlóir ghlic do thóigfeadh mo phianta.

Rachaidh mé féin leat gan éaradh go súgach
ag féachain 's ag éisteacht na n-éan beag ag súgradh,
céad fearr liom féin sin ná féasta na cúirte,
a dhianghrá 's a théagair, so mé leat gan diúltadh.

[FDAW iv: 422]

38. Since I gave you my love

This poem was apparently composed by Úna Ní Bhroin in response to one by the man she married, the poet and scholar, Seán Ó Neachtain, beginning 'Rachainn fón choill leat a mhaighdean na n-órfholt'. No other poem by her is known to be extant (FDAW iv: 422). This love poem comes directly from the woman's heart and in it she declares her deep affection for her lover. She wants only to be in his company and will not even need the company of friends, or even food or drink.

Since I gave you my love, my hand and my word
once and for all, young Seán Ó Neachtain,
I'll never leave you in spite of my friends
for I'd rather be with you than dwell with the angels.

I could live for a year, I know, my love
not asking for food or drinking a drop,
with my mouth on yours, my hand on your heart,
hearing your small talk would heal my hurt.

I'd make no delay but go with you gladly
watching and hearing the small birds at play,
– a hundred times better than courtly banquets –
my one love, my strength, I could never refuse.

[Translation by Louis de Paor, FDAW iv: 422]

1700–1900

39. Mailí Mhómhar

Creidtear gur rugadh Cathal Buí Mac Giolla Gunna i gCo. Fhear Manach timpeall na bliana 1680. Chaith sé formhór a shaoil i gceantar Bhréifne (Co. an Chabháin agus Co. Liatroma), cé go mbíodh sé faoi cheantair eile i gCúige Uladh minic go leor níos moille ina shaol. Chaith sé tréimhse ag dul le sagartacht agus é ina fhear óg, ach níor dearnadh sagart de. Bhí clú an ragairne agus an ólacháin amuigh air. Chum sé ar a laghad cúig dhán déag a bhfuil 'An Bonnán Buí' agus 'Aithreachas Chathail Bhuí' ar na cinn is cáiliúla. Fuair sé bás sa bhliain 1756 agus cuireadh é i reilig Dhomhnach Maighean i gCo. Mhuineacháin. Tá nóta ag an mbailitheoir cáiliúil amhrán, Énrí Ó Muirgheasa, i dtaobh an amhráin seo a leanas: 'Suffice it to say here that according to Nancy Tracey he was married to three or four women, Kate ———, and Nancy Quigley, and Máiligh Mhódhmhar or 'Modest Molly', being three of them. This song is about the latter, according to the narrator' (CCU: 228). Cé gur léir go raibh cúis mhaith ghearáin ag Mailí san amhrán seo, leanann sé an nós ginearálta atá ag amhráin agus ag dánta eile dá chineál gurb é téama an dáin easpa grá an fhir don bhean agus an chaoi ar chuir sé dallamullóg uirthi an chéad lá riamh.

Cathal
A Mhailí mhómhar, dá siúlfá an ród liom
ba deas do lóistín is do leaba luí,
bheadh fliút is órgan ag seinm ceoil duit
a thógfadh an brón is an tuirse dhíot;
buidéal beorach ina shuí ar bord ann,
is dís ban óg ann ag tarraing dí,
is cead a bheith ag ól leat, a mhaighre mhómhar,
is bheinn do do phógadh gurbh fhada an oích'.

Shiúil mé Éire is na cúigí ina dhéidh sin
is chan fhaca do leithéid, a Mhailí bhán,
chan fhaca mé aon neach ariamh san méid sin
a ghabhfainn ar aon ort, a mhaighre mná;
mná na hÉireann, da mbeadh siad in aon áit,
uilig an tsaoil agus fir chríoch Fáil,
déarfadh an méid sin is a gcuala an scéala
go dtug tú an chraobh leat ón uile mhnáibh.

An bhean
Cá bhfuil an féirín a gheall tú inné dhomh,
mo ghúna craobhach ar dhath an óir,
mo hata gléasta ar dhath na sméara
agus cóiste gléasta a dhul romham sa ród?
Gheall tú cúirt a chur i lár na dúthaí dhomh
is chan fhuair mé ansiúd ach mar chábán bó,
tá mo chosa scrúdtha ar mhaide an luastair
ag sníomh an túirne gan aon ruainne bróg.

Is cailín óg mé amuigh ar fásach
ag gol go cráite is ag sileadh deor,
is mo leanbhán óg agam ar bhac mo láimhe
is gan an réabrán bán a bhéarfainn dó;
nár dhúirt tú liomsa go raibh do pháirt liom,
gur i mbun do láir a bhí do ghean ina luí,
déarfá arís nuair a bheadh sé an lá:
'is é mo chrá nár tharla sé an oíche arís'.

Anois nuair atá tusa do mo thréigbheáil
nach fheil spré agam nó mórán maoin',
más í seo an scarúint, go bhfeil mé réidh leat –
diúltaim spéis a chur in aon fhear arís;
mo chroí go leontar má ghním go deo é
go gcuirfear mo chónra san talamh síos,
ag guí i gcónaí, a Rí na glóire,
mo pheacaí móra a thógáil díom.

Nár dhúirt tú liomsa, a ghiolla na ruaidhe,
nach bhfaighfeá suaimhneas murbh fhada an oích',
go dtiocfá chugam le do chomhluadar
i ndéidh do mháthair a luascadh a luí;
char ghlac tú trua aon uair amháin liom,
ach, a Rí na ngrásta, teana an cóir,
is a chailín óg adaí a chaill a náire,
nach bocht an sásamh di malairt póg.

[CBA: 68]

39. Modest Molly

Cathal Buí Mac Giolla Gunna is reputed to have been born in Co. Fermanagh around the year 1680. He spent most of his life in the Breifne area (Cos. Cavan and Leitrim), although he spent time in various parts of Ulster in his later years. He trained for the priesthood as a young man but was never ordained. He was renowned as a rake and for his fondness for drinking. He composed at least fifteen poems of which 'An Bonnán Buí' and 'Aithreachas Chathail Bhuí' are among the best known. He died in 1756 and was buried in Donaghmoyne in Co. Monaghan. The noted song-collector, Énrí Ó Muirgheasa, has a note regarding this poem: 'Suffice it to say here that according to Nancy Tracey he was married to three or four women, Kate ———, and Nancy Quigley, and Máiligh Mhódhmhar or 'Modest Molly', being three of them. This song is about the latter, according to the narrator' (CCU: 228). Although it is clear in the poem that Molly had good reason to feel aggrieved, it follows the general template of other songs and poems of this kind, where the theme of the piece is usually the man's lack of love and affection for the woman and her annoyance at having been taken in at the outset by his advances.

Cathal
O modest Molly, if you would travel the road with me
fine would your lodgings and your bedding be,
flute and organ would play music for you
that would take away your sorrow and anguish;
there'd be a bottle of beer on the table before you,
and two young women serving up drinks,
and if I was allowed to drink with you, O modest lady,
I'd spend the long night kissing you.

I have walked Ireland and all its provinces
but I've never seen your likes, fair Molly,
I have never seen anyone in that regard
that could surpass you, graceful woman;
the women of Ireland, if they were all in one place,

all of the world and the men of this land,
would all say the same thing that they have heard
that you had the besting of every single woman.

The woman
Where is the gift that you promised me yesterday,
my fashionable dress of the colour of gold,
my dress hat the colour of the blackberry
and the elegant coach going before me on the road?
You promised me a mansion in the heart of my district
but what did I get only a cowshed?
My poor feet are scourged at the footboard,
spinning that wheel without even a shred of a shoe.

I am a young girl out in a wasteland
weeping miserably and shedding my tears,
my little child I have in my arms
and not even some white milk that I might give him;
did you not say that I had your love,
that it was in the depths of your heart that your love for me did lie?
You would say so again with the coming of morning
'what I wouldn't give to have that night again'.

And now that you are going to abandon me
because I have neither dowry nor very great means,
if this is the parting, then I'm well shot of you –
and I refuse to have anything to do with any man again;
let my heart be torn apart if I ever do so
till my coffin be lowered down into the ground,
praying without cease, O High King of Heaven,
to wipe away all my many sins.

Didn't you once tell me, O red-haired one,
that you could not rest if the night were not long,
that you would come to me to share your company
after you had rocked your poor mother to sleep;
you showed me no pity not even just one time,
but, O King of the Graces, put things to rights,
and yon young little girl who lost her modesty,
got poor satisfaction for her exchange of kisses.

[Translation by CMM]

40. Úrchnoc Chéin Mhic Cáinte*

B'fhile agus scríobhaí é Peadar Ó Doirnín (1702-69) a rugadh i gCo. Lú agus a chaith tréimhse ag teagasc i bhFoirceall, Co. Ard Mhacha. File é a scríobhadh faoin ngrá agus dhéantaí a chuid amhrán a cheol. I seanreilig Urnaí a cuireadh é, ar an teorainn idir Co. Lú agus Co. Ard Mhacha. Tá an dán seo a leanas ar cheann de na hamhráin is cáiliúla a chum sé agus is cuireadh fada foclach é don bhean imeacht leis an bhfile. Geallann an file saol taitneamhach pléisiúrtha don bhean ina chuideachta siúd ach diúltaíonn an bhean go borb dó ar deireadh i ndiaidh deismireacht bhriathra an fhile. B'fhéidir gur thuig sí féin an cineál saoil a bheadh aici go fírinneach dá n-imeodh sí leis agus tharlódh gur as taithí na mban eile (cf. Uimh. 39 'Mailí mhómhar' agus Uimh. 42 'A ógánaigh an chúil cheangailte') a d'aithin sí é sin.

A phlúr na maighdean is úire gné
thug clú le scéimh ón Ádhamhchlainn,
a chúl na bpéarla, a rún na héigse,
dhúblas féile is fáilte;
a ghnúis mar ghréin i dtús gach lae ghil
mhúchas léan le gáire,
is é mo chumha gan mé is tú, a shiúr, linn féin
san dún sin Chéin Mhic Cáinte.

Táim brúite i bpéin gan suan, gan néal,
ded chumha, a ghéag is áille;
is gur tú mo roghain i gcúigibh Éireann –
cúis nach séanaim ás de;
dá siúlfá, a réalt, gan smúid liom féin

ba súgach saor mo shláinte,
gheobhair plúr is méad is cnuasach craobh
san dún sin Chéin Mhic Cáinte.

Cluinfir uaill na ngadhar ar luas i ndéidh
Bhriain luaimnigh bhearnaigh mhásaigh,
is fuaim guth béilbhinn cuach is smaolach
suairc ar ghéaga in áltaibh;
i bhfuarlinn tséimh chífir sluabhuíon éisc
ag ruagadh a chéile ar snámh ann,
is an cuan gur léir dhuit uait i gcéin
ón úr-Chnoc Chéin Mhic Cáinte.

A rún mo chléibh, is mar súd a b'fhearr dhuit –
tús do shaoil a chaitheamh liom,
is ní i gclúid faoi léan ag túirscín bréan
'gcionn túirne is péire cardaí;
gheobhair ciúl na dtéad le lúth na méar
dod dhúscadh is dréachta grá fós,
níl dún faoin ngréin chomh súgach aerach
le húr-Chnoc Chéin Mhic Cáinte.

A shuaircbhean tséimh na gcuachfholt péarlach,
gluais liom féin ar ball beag,
tráth is buailte cléir is tuata i néaltaibh
suain faoi éadaí bána;
ó thuaidh go mbéam i bhfad uafu araon
teacht nuachruth gréine amárach,

gan ghuais le chéile in uaigneas aerach
san uaimh sin Chéin Mhic Cáinte.

Beir uaim do phléid gé gur luaigh tú céad ní –
nós a bhfuil spéis ag a lán ann –
is an duais is fearr nó ualaí séad
níor chuala mé thú ag trácht air;
tuatha saora, buaibh is caora,
is cruacha péarla i bpálais –
mar luach ní ghéabhainn uait, is gan gléas
in am suain le ndéantar páiste.

Tá dún nó cnoc Chéin Mhic Cáinte suite timpeall dhá mhíle siar ó thuaidh ó Dhún Dealgan, Co. Lú.

[ND II: 37]

40. The hill of Cian Mac Cáinte*

Peadar Ó Doirnín (1702-69) was a scribe and poet who was born in Co. Louth and who taught for a time in Forkhill in Co. Armagh. He was a poet who frequently wrote about the theme of love and many of his poems were sung rather than recited. He is buried in the graveyard at Urney on the border of Co. Louth and Co. Armagh. The following poem is one his more famous compositions and it is a long wordy invitation to the young woman to go roving with him. The poet promises the woman a life of pleasure and ease in his company but she abruptly rejects his fancy advances for all his fond words. She may well have truly realised the kind of life she would have in his company and possibly recognised this reality from the experience of other women who had been hoodwinked before her (cf. No. 39 'Modest Molly' and No. 42 'O youth of the loose-bound hair'), for example.

Most beautiful of maidens with the fairest complexion
who has surpassed in beauty all those of Adam's race,
O girl with hair of pearls, O beloved of poets
who increases generosity and welcome,
your face is like the sun at each bright day-break
and it quells sorrow with a laugh,
alas, my girl, that you and I are not alone together
at the fort of Cian Mac Cáinte.

In deep pain I am and unable to sleep,
through pining for you, O most beautiful one,
and you are my choice from all the provinces of Ireland,
something I do not deny at all;
O star without blemish, if you will come with me
my health would flourish freely –
you'll have food and drink and the best of fruit
in the fort of Cian Mac Cáinte.

You'll hear the dogs bark as they swiftly follow
the fleet, strong-legged hare
and the sweet-voiced singing of cuckoo and thrush
merrily high up on branches;
in smooth cold lakes you'll see hosts of fish
swimming in pursuit of each other
and all the bay out in front of you
from the hill of Cian Mac Cáinte.

O my love, it would be best for you
to spend the early days of your life with me
rather than pine away in a hovel with some smelly boor
spinning and carding wool;
you'll have harp-music played with light fingers
to wake you and play you love songs
there is no fort under the sun as happy and gay
as the hill of Cian Mac Cáinte.

O gentle happy woman of the pearly curling hair,
come with me without delay,
while clergy and people are fast asleep
slumbering under white bedclothes;
let's be off northwards away from them all
as the sun's new form arrives tomorrow
with no fear of harm to either of us in pleasant solitude,
in that hollow of Cian Mac Cáinte.

Clear off with your blather! Though you talk about many things –
a habit many people favour –
a far better prize than piles of treasure

I have not yet heard you mention;
no noble lands, cattle, sheep,
nor stacks of pearls in palaces would I take from you
unless you have the makings of a child in you at bedtime.

[Translation by CMM]

*The fort or hill of Cian Mac Cáinte is situated approximately two miles north-west of Dundalk, Co. Louth.

41. Caisleán Uí Néill

Seo amhrán grá, nach fios cé a chum, a bhaineann le grá na mná d'fhear atá imithe uaithi. Tá sí ag caoineadh chailleadh a leannáin agus ba bhreá léi bheith ina chuideachta arís. Tá sí in éad leis an mbean sa chaisleán a bhfuil a leannán léi anois ach tá sí féin fós i ngrá leis go mór. Cé nach bhfuil sé róshoiléir ón dán cé hé an fear atá i gceist, is léir go raibh an caidreamh eatarthu mídhleathach, ar bhealach, toisc an méid a deirtear sa dá líne dheireanacha, 'tá mo mhuintir dom thréigean 's níl éinne tíocht chugam ar cuairt, agus mo ghrá dom shéanadh le céile fir eile is nach trua'.

Céad slán don oích' 'réir 's é mo léan gan mé anocht ina tús,
's don bhuachaillín spéiriúil a bhréagfadh mé seal ar a ghlúin;
d'aithriseoinn scéal duit, a mhíle grá, dá ndéantá air rún,
ach Flaithis Mhic Dé nár fhaighe an té chuirfeadh idir mé is tú.

Tá an gairdín seo ina fhásach, a mhíle grá, nó an miste leat é?
Níl toradh ar bith ag fás ann, bláth na n-airní ná duilliúr na gcraobh;
ní chluinim ceol cláirsí ag dul an tsráid seo ná ceiliúr na n-éan,
ó d'éalaigh mo ghrá uaim, an chraobh álainn, go Caisleán Uí Néill.

Is i gCaisleán Uí Néill tá an péarla bhain díomsa mo shnua,
is gurb é binneas a bhéil a chuirfeadh éanlaith na coille chun suain;
's é an tsamhail thug mé féin dá mhéin mhaith is do leagan a shúl –
mar fhíoruisce an tsléibhe is é ag téaltó maidin lae ciúin.

Níl cnocán dá aeraí, a mhíle grá, nach n-aithneoinn do shiúl,
's níl maighdean dá chéillí, is é mo léan, nach dtéann uirthi an chluain;
tá mo mhuintir dom thréigean 's níl éinne tíocht chugam ar cuairt,
agus mo ghrá dom shéanadh le céile fir eile is nach trua!

[ND III, 31]

41. Castle O'Neill

This poem, the author of which is unknown, is spoken by the woman. She laments the loss of her lover and wishes she were once again sharing his company. Though she still loves him deeply, her lover has left her for another woman in the castle, or possibly returned to his wife there, but this is unclear from the poem. It is obvious from various references in the poem that the relationship was illicit, especially from the evidence of the final two lines, 'now all my friends shun me, and I wonder where are all the kind folk, and to see my child's father with another man's wife is no joke'.

Oh, farewell to last night; what delight if again I could be
with the handsome young rogue who would coax me awhile on his knee;
but since you betrayed me, I'm afraid I'll pay dear for my spree,
and a curse I'll call down on the mountains between you and me.

The weeds are choking my garden; and darling, don't you care how I feel,
with no flowers that could sweeten my grief and no herbs that could heal?
The birds are all mute and the flute plays no hornpipe or reel,
since my love and my treasure takes his pleasure in Castle O'Neill.

Oh, in Castle O'Neill dwells the queen who cheats me of my love,
and each night after feasting she sleeps on his breast like a dove;
oh, to count all my tears, seven years would not be long enough,
for he's a bright guiding star and he lights up the dark sky above.

Oh, there's no hill so high, love, that on it I would not know your walk;
there's no maiden so clever that she's never taken in by fine talk;
now all my friends shun me, and I wonder where are all the kind folk,
and to see my child's father with another man's wife is no joke.

[Translation by Brian O'Rourke, BM: 127]

42. A ÓGÁNAIGH AN CHÚIL CHEANGAILTE

Amhrán traidisiúnta é seo ina léirítear mothúcháin na mná go han-éifeachtach ar fad. Baintear úsáid as go leor d'íomhára traidisiúnta na n-amhrán chun cur síos a dhéanamh ar ghrá na mná dá leannán. Tugtar léiriú an-mhaith ar an mbrón atá uirthi ó thréig sé í agus an tuiscint a léiríonn sí ar deireadh nach dtiocfaidh sé ar ais cé go bhfuil sí ag cnaoi go mór ar a shon.

A ógánaigh an chúil cheangailte
le raibh mé seal in éineacht,
chuaidh tú aréir an bealach seo
is ní tháinic tú dom fhéachaint.
Shíl mé nach ndéanfaí dochar duit
dá dtagthá agus mé d'iarraidh,
is gurb í do phóigín a thabharfadh sólás dom
dá mbeinn i lár an fhiabhrais.

Dá mbeadh maoin agamsa
agus airgead 'mo phóca,
dhéanfainn bóithrín aicearrach
go doras tí mo stóirín,
mar shúil le Dia go gcluinfinnse
torann binn a bhróige,
's is fada ón lá 'nar chodail mé
ach ag súil le blas a phóige.

Agus shíl mé, a stóirín,
go mba ghealach agus grian thú,
agus shíl mé ina dhiaidh sin

go mba sneachta ar an sliabh thú,
agus shíl mé ina dhiaidh sin
go mba lóchrann ó Dhia thú,
nó go mba tú an réalt eolais
ag dul romham is 'mo dhiaidh thú.

Gheall tú síoda is saitin dom
callaí agus bróga arda,
is gheall tú tar a éis sin
go leanfá tríd an tsnámh mé.
Ní mar sin atá mé
ach 'mo sceach i mbéal bearna
gach nóin agus gach maidin
ag féachaint tí mo mháthar.

[ND I: 88]

42. O YOUTH OF THE LOOSE-BOUND HAIR

The feelings of the woman who has been abandoned by the man she loves are very effectively portrayed in this traditional love song. Much of the imagery used to describe the woman's affection for her lover is typical of this genre. Her feelings of loss and abandonment are very clearly presented here and as she realises towards the end of the poem that he is gone for good, we see how much she pines for his love.

O youth of the loose-bound hair
whose company I once frequented,
you passed this way last night
but did not call to see me.
I thought it couldn't do you any harm
if you were to come and ask after me,
for it is your kiss that would bring me comfort
if I were in the midst of a fever.

If I had wealth,
and money in my pocket,
I would take a little short-cut
to the doorway of my lover,
hoping to God that I might hear
the sweet sound of his footstep,
for it has been a long time since I did sleep
hoping to taste his kiss.

And to me, my dear,
you were sun and moon,
and more than that
you were the snow on the hills,
and more than that still
you were a guiding-light from God,
or the star of knowledge
before and behind me.

You promised me silk and satin,
fine robes and high shoes,
more than that, you promised
that you'd follow me through the deep.
But that's not how it is
for I am merely a stop-gap
who does nothing morning and night
except tend to my mother's house.

[Translation by CMM]

43. Máirín de Barra

Amhrán grá an fhir atá i gceist leis an amhrán cáiliúil seo, nach fios cé a chum. Tá an bhéim ó thús go deireadh ann ar mhothúcháin an fhir agus cuirtear treise leis sin trí úsáid rialta na chéad phearsa uatha. Tá corp an fhile 'marbh' ag an mbean agus ní féidir leis rud ar bith a dhéanamh gan smaoineamh uirthi. Cuireann an fear locht ar an mbean óg as galar dubhach an ghrá a bheith air agus cuireann sé ina leith gurb ise atá freagrach as an bhfulaingt agus as an gcrá croí atá ag dul dó. Sa dara véarsa deireanach, áfach, tugann sé le fios go dtréigfeadh sé an saol go léir atá aige dá bhféadfadh sé imeacht léi gan tuilleadh moille agus go nglanfadh sé sin galar ar bith a bheadh air.

A Mháirín de Barra, do mhairbh tú m'intinn
is d'fhág tú beo dealamh mé gan fhios dom mhuintir;
ar mo luí dhom ar mo leabaidh is ortsa bhím ag cuimhneamh
's ar m'éirí dhom ar maidin, mar do chealg tú an croí 'nam.

Do thugas 's do thugas 's do thugas óm chroí gean duit
ar maidin Lá Fhéile Muire na gcoinneall sa teampall –
do shúilín ba ghlaise ná uisce na ngeamhartha
's do bhéilín ba bhinne ná an druid nuair a labhrann.

Do shíl mé tú a mhealladh le briathra 's le póga,
do shíl mé tú a mhealladh le leabhartha 's le móide,
do shíl mé tú a mhealladh ar bhreacadh na heornan,
ach d'fhág tú dubhach dealamh ar theacht don mbliain nó mé.

Is aoibhinn don talamh a siúlann tú féin air,
is aoibhinn don talamh nuair a sheinneann tú véarsa,

is aoibhinn don leabaidh nuair a luíonn tú fé éadach,
's is ró-aoibhinn don bhfear a gheobhaidh tú mar chéile.

Do shiúlóinn 's do shiúlóinn 's do shiúlóinn an saol leat,
do rachainn tar sáile gan dá phingin spré leat;
do thug mo chroí grá dhuit go brách brách ná tréigfidh
's go dtógfá ón mbás mé ach a rá gur leat féin mé.

A Mháirín, glac mo chomhairle 's ná seoltar tú ar t'aimhleas:
seachain an stróinse, fear séite na hadhairce,
gaibh leis an óigfhear a nglaonn siad Ó Floinn air –
pós é de ghrá réitigh, ós é 's toil led mhuintir.

[ÉDN: 193]

43. Máirín de Barra

Once again we have an example here of the love song in which the man speaks about his unrequited love. The emphasis is mainly on his feelings and emotions and this effect is strengthened by the continued use of verbs in the first person singular. The poet's body is 'dead' for love of the woman and he can do nothing without thinking about her. The young man blames the woman for the despair and desolation he feels and cites her as the source of all his woes and afflictions. In the second last verse, however, he states that he would willingly give up everything he has in this world if he could elope with her without delay and thus be cured of all his ills.

O Máirín de Barra, you have robbed me of my senses,
and have left me desolate, unknown to my kin;
as I lie on my bed it is you I do think of,
and when I rise in the morning, the thought of you pierces my heart!

I gave you, I gave you, I gave you all the love of my heart
in the chapel on the morning of the Feast of the Presentation –
your eye was fresher than the dew on the spring corn,
and your lips were sweeter than the starling when calling.

I thought to charm you with words and with kisses,
I thought to charm you with books and with promises,
I thought to charm you by the ripening of the barley,
but you left me desolate by the coming of the New Year.

Lucky for the ground that you yourself walk on,
lucky for the ground when you sing a verse,
lucky for the bed when you lie under the sheets
and most lucky for the man who will get you for a wife.

I would walk, I would walk, I would walk the whole world with you,
I would cross the wide ocean with you without a penny of a dowry;

my heart gave you love that will never diminish,
and you'd keep me from death if only you'd take me.

O Máirín, heed my advice and do not be led astray:
beware of the stranger and all his enticements,
go with the young man they call O'Flynn –
marry him for peace's sake, since that's what your people want.

[Translation by CMM]

44. Caoineadh Liam Uí Raghallaigh

Ba é tuairim an scoláire, Tomás Ó Concheanainn, gurbh é Micheál Mag Raith a scríobh an t-amhrán seo (BM: 97). Is cosúil gur bádh Liam Ó Raghallaigh ar lá a phósta nuair a bhí sé ag teacht abhaile sa bhád chuig a bhean chéile, Neilí Nic Siúrtáin, tar éis dó an sagart a rinne an pósadh a fhágáil ar ais go Cill Chomáin i ndiaidh an tsearmanais. Tá cur síos grinn ar bhriseadh croí na mná óige sa dán sa chéad véarsa agus cuirtear sin i gcomparáid le spraoi agus le háthas ócáid a bpósta sa dara véarsa. Ina dhiaidh sin, sa chuid eile den dán, cuirtear síos go héifeachtach ar chumha Neilí Nic Siúrtáin agus a gaolta i ndiaidh an fhir a cailleadh go tragóideach.

I mo bhaintreach 's 'mo mhaighdean fágadh mé go hóg –
nó ar chuala sibh, a chairde, gur báitheadh mo mhíle stór?
Dá mbeinnse amuigh an lá sin 's mo dhá láimh sa mbuille mór,
dhéanfainn dídean dhuit, a *William Reilly*, is leigheasóinn do bhrón.

An cuimhneach libh an lá bhí an tsráid seo lán de mharcaigh,
de shagairt 's de bhráithre ag trácht ar ár mbainis?
Bhí an fhidil ar ceann cláir ann 's an chláirseach á freagairt,
's dháréag de na mná bána ann le mo ghrá-sa chur ar leaba.

Níor mhór liom dhuitse, a Rílligh, thú bheith do chliamhain ag an rí,
agus cuirtíní gléigeala a bheith ar gach taobh dhíot 'do luí,
maighdean chiúin chéillí a bheith ag réiteach do chinn,
's ó luadh sinn le chéile is trua mar d'éag tú le mo linn.

Níorbh ait liom scéal cráite bheith amáireach ag t'athair
ná ag banaltra na gcíocha bána a thál ort 'do leanbh,
ní áirím do bhean phósta nár chóirigh riamh do leaba,
is nuair a shíl mé bheith 'do phógadh 's ar do thórramh bhí an bhainis.

Bhí tú ar an triúr úd a fuaidh go Cill Chomáin
ag tíolacadh an Athar Píotar bhí in aois a cheithre fichid;
dá dtigtheá faoi cheann míosa ach, mo léan choíche, ní thiocfaidh,
's nach trua sin bean san oíche is a caoifeach i mbarr toinne!

Tá do shúile ag na péiste is do bhéilín ag na portáin,
tá do dhá láimh gheala ghléigeal ar aon-tsruth leis na bradáin;
b'é do chom bhí seang séimhí is gan bhréig ba tú bhí folláin!
Ach 's é mo léan thú a bheith i t'aonraic, a Neil óg Nic Siúrtáin.

[ND III: 15]

44. Liam O'Reilly's Lament

The scholar, Tomás Ó Concheanainn, was of the opinion that this song was composed by a man called Micheál Mag Raith (BM: 97). It appears that Liam O'Reilly was drowned on his wedding day as he came back home to his new bride, Nellie Jordan, having left the priest who officiated at the ceremony back to his home in Kilcommon. There is a powerful description in the first verse of the young bride's heartbreak which contrasts sharply with the joyous account of the wedding celebrations in verse two. The rest of the poem very poignantly portrays the woman's grief as well as that of the family and friends on the tragic loss of the young husband.

Will ye not weep for my great sorrow, for I'm a widow and still a maid
and my husband of a morning is tossed and rolling upon the waves?
Had I been out in the boat that evening holding fiercely on to the sail,
I swear on the Bible, Liam O'Reilly, I'd have saved you from your fate.

Do you remember that summer morning when the horsemen rode down our street,
and the friars and the clergy made their way to our wedding feast?
Oh, the fiddler played his heart out, the harper's answer was strong and sweet,
and there were fair maids there in plenty to place my darling between the sheets.

'Twould not surprise me, Liam O'Reilly, if you had royalty for your bride,
and if the curtains of finest purple were shining round you on every side,
with a train of gracious ladies to arrange your hair with pride;
but you were mine, and the day you claimed me, you were taken by the tide.

'Tis no wonder they say of your father the heart within him has turned to lead,
and likewise your white-haired mother on whose white milk you once were fed,
not to mention the girl you married, who never managed to share your bed,
for when my arms should have been around you, oh, you were drowned and lying dead.

'Tis the cause of all my grieving you went that evening to Kilcommon;
when Father Peter asked for oarsmen, why did you answer that fateful summons?
As I lie alone in the night-time, I cry and hope for your homecoming,
for when her lover floats on the ocean, oh, life is lonesome for a woman.

Oh, the crabs have devoured your mouth, love, the eels have feasted upon your eyes,
and your white hands so strong and tender are now the salmon's proudest prize;
I'd pay a fortune to any boatman who'd show me where your body lies,
and ease the burden of Nellie Jordan, who'll get no rest till the day she dies.

[Translation by Brian O'Rourke, BM: 101]

45. An Goirtín Eornan

Sampla is ea é seo d'amhrán traidisiúnta grá a chuirtear i mbéal an fhir agus feictear cuid den chrá croí agus de ghalar an ghrá go soiléir anseo. Molann an fear áilleacht chorpartha agus tréithe pearsanta na mná agus níl aon duine eile ann a thógfaidh an cian dá chroí. Sa véarsa deireanach léiríonn sé nach féidir leis luach de shórt ar bith ar an saol seo a chur ar a ghrá di seachas, b'fhéidir, póg.

Is buachaillín fíor-óg mé, is go bhfóire orm Rí na ngrás,
thug searc do chailín óg i dtigh an ósta le comhrá gearr.
Ní raibh hata uirthi ná húda ná búclaí buí déanta 'phrás,
ach téip i gcluais a bróige, 's í mo stór í go bhfaighe mé bás.

Móra dhuitse, a éinín, ag léimnigh ó thom go tom,
dá neósainn brí mo scéil duit dob fhéidir go ndéanfá rún.
Beir litir uaim faoi shéala go cúl craobhach na bhfolta fionn
go bhfuil mo chroí á chéasadh is nach féidir liom codladh ciúin.

Tá gaoth aneas is toirneach is mórshruth le habhainn na Laoi
sneachta ar na bóithe is mórshioc á mheascadh thríd.
Ní fhanann fuaim ag rónta ná ceólta ag éin ar chraoibh
ó chailleas-sa mo stóirín, 's í thógfadh an ceo dem' chroí.

Ní dod ghoirtín eórnan, a stóirín, a thugas grá,
ná dod chúpla cóifrín den ór buí dá mbeidís lán;
do chapaill ná do bhólacht go deo deo ní chuirfinn i bhfáth,
ach blas do chúpla póigín, ba dhóigh liom gurbh iad ab fhearr.

[ND I: 89]

45. THE LITTLE BARLEY FIELD

This song is a very good example of the love song from the mouth of the young man and the usual elements of the lover's anguish and love-sickness are clearly present throughout. The man praises the young woman's beauty and personality and bemoans the fact that no one except her will be able to lift the despair from his heart. In the final verse he declares that he could put no price on his love for her except, maybe, a kiss from her.

I am only a young chap, may the King of Graces help me,
who, in brief conversation, fell in love with a young girl in a public house.
She wore neither hat nor hood nor yellow buckles made of brass,
but a tape in the loop of her shoe and she will be my love till I die.

I greet you, little bird, hopping from tree to tree,
if I told you the drift of my story you might keep it to yourself.
Bring from me a sealed letter to her, she of the ringlets and fair tresses,
that my heart is so demented, that I cannot sleep in peace.

There is a wind from the south and thunder, and the River Lee is in great flood,
snow on the roads, too, mixed through with heavy frost.
I hear no sound from the seals nor sweet song from the birds in the trees
since I lost my little treasure, the one who could clear the mist from my heart.

It's not to your little barley field, darling, that I did give my love,
nor to your few coffers of yellow gold, even if they were full.
Your horses and your cattle I would never even consider
but the taste of a few of your kisses, I would think them the best of all.

[Translation by CMM]

46. Caoineadh Airt Uí Laoghaire (sleachta)

Eibhlín Dubh Ní Chonaill

Is é Art Ó Laoghaire (1747-1773) ábhar an chaointe chumhachtaigh seo. Lucht leanúna giúistís áitiúil, Abraham Morris, a mharaigh é nuair a dhiúltaigh sé a chapall a dhíol le Morris faoi na Péindlíthe ag an am. Cé go gcuirtear an caoineadh i mbéal bhaintreach Uí Laoghaire, Eibhlín Dubh Ní Chonaill, tá amhras i measc scoláirí an í fíorúdar an phíosa í. Cibé rud faoin díospóireacht sin, áfach, níl aon amhras ná gurb é an sampla is fearr den chaoineadh traidisiúnta dá bhfuil againn. Tarraingíonn sé go tréan ar mhóitífeanna agus ar théamaí caointe níos luaithe ná é agus tá clú ar liriciúlacht na teanga ann. Is léiriú fíoréifeachtach é ar mhothúcháin na baintrí agus na máthar óige a bhfuil a fear céile marbh agus is dán é a bhfuil brón agus briseadh croí na mná óige á léiriú go cumhachtach paiseanta ann.

Mo ghrá go daingean tú!
Lá dá bhfaca thu
ag ceann tí an mhargaidh,
thug mo shúil aire dhuit,
thug mo chroí taitneamh duit,
d'éalaíos óm charaid leat
i bhfad ó bhaile leat.

Is domhsa nárbh aithreach:
chuiris parlús á ghealadh dhom,
rúmanna á mbreacadh dhom,
bácús á dheargadh dhom,
brící á gceapadh dhom,
rósta ar bhearaibh dom,

mairt á leagadh dhom;
codladh i gclúmh lachan dom
go dtíodh an t-eadartha
nó thairis dá dtaitneadh liom.

Mo chara go daingean tu!
Is cuimhin lem aigne
an lá breá earraigh úd,
gur bhreá thíodh hata dhuit
faoi bhanda óir tarraingthe;
claíomh cinn airgid,
lámh dheas chalma,
rompsáil bhagarthach –
fír-chritheagla
ar námhaid chealgach –
tú i gcóir chun falaracht
is each caol ceannann fút.
D'umhlaídís Sasanaigh
síos go talamh duit,
is ní ar mhaithe leat
ach le haon-chorp eagla,
cé gur leo a cailleadh tu,
an mhuirnín mh'anama …

Mo chara thu go daingean!
Is nuair a thiocfaidh chugham abhaile
Conchúr beag an cheana
is Fear Ó Laoghaire, an leanbh,

fiafróid díom go tapaidh
cár fhágas féin a n-athair.
'Neosad dóibh faoi mhairg
gur fhágas i gCill na Martar.
Glaofaid siad ar a n-athair,
is ní bheidh sé acu le freagairt ...

Mo chara thu go daingean!
Is níor chreideas riamh dod mharbh
gur tháinig chugham do chapall
is a srianta léi go talamh,
is fuil do chroí ar a leacain
siar go t'iallait ghreanta
mar a mbítheá id shuí 's id sheasamh.
Thugas léim go tairsigh,
an dara léim go geata,
an tríú léim ar do chapall.

Do bhuaileas go luath mo bhasa
is do bhaineas as na reathaibh
chomh maith is a bhí sé agam,
go bhfuaras romham tu marbh
cois toirín ísil aitinn,
gan Pápa gan easpag,
gan cléireach gan sagart
do léifeadh ort an tsailm,
ach seanbhean chríonna chaite
do leath ort binn dá fallaing –

do chuid fola leat 'na sraithibh;
is níor fhanas le hí ghlanadh
ach í ól suas lem basaibh.

Mo ghrá thu go daingean!
Is éirigh suas id sheasamh
is tar liom féin abhaile,
go gcuirfeam mairt á leagadh,
go nglaofam ar chóisir fhairsing,
go mbeidh againn ceol á spreagadh,
go gcóireod duitse leaba
faoi bhairlíní geala,
faoi chuilteanna breátha breaca,
a bhainfidh asat allas
in ionad an fhuachta a ghlacais.

Mo chara thu is mo shearc-mhaoin!
Is gránna an chóir a chur ar ghaiscíoch
comhra agus caipín,
ar mharcach an dea-chroí
a bhíodh ag iascaireacht ar ghlaisíbh
agus ag ól ar hallaíbh
i bhfarradh mná na ngeal-chíoch.
Mo mhíle mearaí
mar a chailleas do thaithí.

Greadadh chughat is díth!
a Mhorris ghránna an fhill,

a bhain díom fear mo thí
athair mo leanbh gan aois:
dís acu ag siúl an tí,
's an tríú duine acu istigh im chlí,
agus is dócha ná cuirfead díom.

Mo chara thu is mo thaitneamh!
Nuair ghabhais amach an geata
d'fhillis ar ais go tapaidh,
do phógais do dhís leanbh,
do phógais mise ar bharra baise.
Dúraís, 'A Eibhlín, éirigh id sheasamh
agus cuir do ghnó chun taisce
go luaimneach is go tapaidh.
Táimse ag fágáil an bhaile,
is ní móide go deo go gcasfainn.'
Níor dheineas dá chaint ach magadh,
mar bhíodh á rá liom go minic cheana.

Mo ghrá thu agus mo rún!
Tá do stácaí ar a mbonn,
tá do bha buí á gcrú;
is ar mo chroí atá do chumha
ná leigheasfadh Cúige Mumhan
ná Gaibhne Oileáin na bhFionn.
Go dtiocfaidh Art Ó Laoghaire chugham
ní scaipfidh ar mo chumha
atá i lár mo chroí á bhrú,

dúnta suas go dlúth
mar a bheadh glas a bheadh ar thrúnc
's go raghadh an eochair amú.

A mhná so amach ag gol
stadaidh ar bhur gcois
go nglaofaidh Art Mac Conchúir deoch,
agus tuilleadh thar cheann na mbocht,
sula dtéann isteach don scoil –
ní ag foghlaim léinn ná port,
ach ag iompar cré agus cloch.

[CAUL: 33]

46. The Lament for Art Ó Laoghaire (excerpts)

Eibhlín Dubh Ní Chonaill

Art Ó Laoghaire (1747-1773) is the subject of this powerful keen (or lament). The followers of a local magistrate, Abraham Morris, were responsible for his death, after Art refused to sell his horse to Morris in accordance with the Penal Laws of the time. Although the poem is ascribed to Ó Laoghaire's wife, Eibhlín Dubh Ní Chonaill, modern scholars have cast doubts on her authorship of the piece. Whatever scholars may say about that particular aspect of the poem, there is no doubt but that it is the finest example of the traditional lament. It draws heavily on traditional themes and motifs found in earlier laments and is highly regarded for its lyrical language. It is a very effective representation of the emotions of the young widow and mother who is suffering the loss of her husband. The attendant passion of the young woman's grief and heartbreak is powerfully articulated throughout.

My steadfast love!
When I saw you one day
by the market-house gable
my eye gave a look
my heart shone out
I fled with you afar
from friends and home.

And never was sorry:
you had parlours painted
rooms decked out
the oven reddened
and loaves made up
roasts on spits
and cattle slaughtered;
I slept in duck-down
till noontime came
or later if I liked.

My steadfast friend!
It comes to my mind
that fine Spring day
how well your hat looked
with the drawn gold band,
the sword silver-hilted,
your fine brave hand
and menacing prance,
and the fearful tremble
of treacherous enemies.

You were set to ride
your slim white-faced steed
and Saxons saluted
down to the ground,
not from good will
but by dint of fear
though you died at their hands
my soul's beloved …

My steadfast friend!
And when they come home,
our little pet Conchúr
and baby Fear Ó Laoghaire,
they will ask at once
where I left their father.
I will tell them in woe
he is left in Cill na Martar,
and they'll call for their father
and get no answer …

My steadfast friend!
I didn't credit your death
till your horse came home
and her reins on the ground,
your heart's blood on her back
to the polished saddle
where you sat, where you stood.
I gave a leap to the door,
a second leap to the gate
and a third on your horse.

I clapped my hands quickly
and started mad running
as hard as I could,
to find you there dead
by a low furze-bush
with no Pope or bishop
or clergy or priest
to read a psalm over you
but a spent old woman
who spread her cloak corner
where your blood streamed from you,
and I didn't stop to clean it
but drank it from my palms.

My steadfast love!
Arise, stand up
and come with myself
and I'll have cattle slaughtered
and call fine company
and hurry up the music
and make you up a bed

with bright sheets upon it
and fine speckled quilts
to bring you out in a sweat
where the cold has caught you.

My friend and treasure trove!
An ugly outfit for a warrior:
a coffin and a cap
on that great-hearted horseman
who fished in the rivers
and drank in the halls
with white-breasted women.
My thousand confusions
I have lost the use of you.

Ruin and bad cess to you,
ugly traitor Morris,
who took the man of my house
and father of my young ones
a pair walking the house
and the third in my womb,
and I doubt that I'll bear it.

My friend and beloved!
When you left through the gate
you came in again quickly,
you kissed both your children,
kissed the tips of my fingers.
You said, 'Eibhlín, stand up
and finish with your work
lively and swiftly:
I am leaving our home

and may never return.'
I made nothing of his talk
for he spoke often so.

My love and my beloved!
Your corn-stacks are standing,
your yellow cows milking.
Your grief upon my heart
all Munster couldn't cure,
nor the smiths of Oileán na bhFionn.
Till Art Ó Laoghaire comes
my grief will not disperse
but cram my heart's core,
shut firmly in
like a trunk locked up
when the key is lost.

Women there weeping
stay there where you are,
till Art Mac Conchúir summons drink
with some extra for the poor
ere he enter that school
not for study or for music
but to bear clay and stones.

[Translation by Thomas Kinsella, DPD: 201]

47. Dónall Óg

Sampla breá atá anseo de mhóramhrán grá atá an-choitianta i dtraidisiún na hÉireann agus na hAlban. Léirítear briseadh croí na mná óige anseo atá tréigthe ag a leannán grá, a gheall a ghrá agus cuid mhór eile di ach nár chomhlíon a chuid geallúintí. Mheall sé an cailín óg sa dán agus tá sí féin dúnta i ngrá leis ach nuair nach gcasann sé léi mar a socraíodh eatarthu, bristear croí an chailín agus feictear an crá a ghoileann uirthi ó thús go deireadh an dáin go smior.

Tá mo ghrá-sa ar dhath na sméara
is ar dhath na n-airní lá breá gréine,
ar dhath na bhfraochóg ba dhuibhe an tsléibhe,
's is minic a bhí ceann dubh ar cholainn ghléigeal.

Tá mo chroí-se chomh dubh le hairne,
nó le gual dubh a dhóifí i gceárta,
nó le bonn bróige ar hallaí bána,
is tá lionn dubh mór os cionn mo gháire.

A Dhónaill Óig, b'fhearr duit mise agat
ná bean uasal uaibhreach iomarcach;
chrúfainn bó is dhéanfainn cuigeann duit,
is dá mba chruaidh é bhuailfinn buille leat.

A Dhónaill Óig, má théir thar farraige,
beir mé féin leat is ná déan mo dhearmad;
beidh agat féirín lá aonaigh is margaidh
is iníon rí Gréige mar chéile leapa agat.

Má théir anonn tá comhartha agam ort:
tá cúl fionn is dhá shúil ghlasa agat,
dhá chocán déag i do chúl buí bachallach,
mar bheadh béal na bó nó rós i ngarraithe.

Is déanach aréir do labhair an gadhar ort,
do labhair an naoscach sa churraichín doimhin ort;
tú id chaonaí uaigneach ar fuaid na gcoillte,
is go rabhair gan chéile go héag go bhfaighir mé.

Gheall tú dhomsa, is rinne tú bréag liom,
go mbeifeá romham ag cró na gcaorach;
lig mé fead is dhá ghlao dhéag ort
is ní bhfuair mé romham ach na huain ag méiligh.

Nuair a théimse féin go Tobar Phádraig
ag tabhairt an turais ar son mo ghrá ghil –
níl mo shúil leat inniu ná amárach,
a mhuirnín dílis, mo mhíle slán leat.

Gheall tú dhomsa ní ba dheacair dhuit,
loingeas óir faoi chrann seóil airgid,
dhá cheann déag de bhailte margaidh
is cúirt bhreá aolta cois taobh na farraige.

Ní raibh id ghrá-sa ach mám den tsneachta gheal,
nó gaineamh i dtrá i lár na farraige,

nó feóchan gaoithe thar dhruim na ngarraithe,
nó tuile thréan do bheadh t'réis lae fearthainne.

Dúirt mo mháithrín liom gan labhairt leat
aon lá den tseachtain ná Dé Domhnaigh;
is olc an tráth ar thug sí rabhadh dhom –
's é fál ar an ngort é i ndiaidh na foghla.

Is mithid dom féin an baile seo a fhágáil;
is géar an chloch 's is fuar an láib ann;
is ann a fuaireas guth gan éadáil
agus focal trom ó lucht an bhéadáin.

Fuagraim an grá – is mairg a thug é
do mhac na mná úd ariamh nár thuig é;
mo chroí 'mo lár gur fhág sé dubh é
is ní fheicim ar an tsráid seo ná in áit ar bith é.

Och, ochón! agus ní le hocras,
uireasa bí, dí ná codlata
fá ndear domh-sa bheith tanaí triuchalga,
ach grá fir óig is é bhreoigh go follas mé.

Bhain tú thoir dhíom is bhain tú thiar dhíom,
bhain tú an ghealach is bhain tú an ghrian díom,
bhain tú an croí geal a bhí 'mo chliabh dhíom
's is rí-mhór m'fhaitíos gur bhain tú Dia dhíom.

[ND I: 73]

47. Dónall Óg

This is a fine example of a very popular love song from the Irish and, indeed, Scottish traditions. It is a very good illustration of the heart-break of the young woman who has been abandoned by her lover, who promised her his affection and a great deal more besides, but who did not fulfil any of his promises to her. He beguiled the young girl with his charms but when he does not meet her as arranged, she realises his faithlessness but is heart-broken, nonetheless. The sense of her torment is keenly represented throughout.

My beloved is the colour of the blackberry
and the colour of the sloe on a fine sunny day,
the colour of the blackest bilberry on the mountain,
and 'tis often that a dark head was on the lightest body.

My heart is as black as the sloe,
or black coal burnt in a forge,
or the mark of a shoe on white halls,
and there's a dark mood above my laughter.

O Dónall Óg, you'd be far better off with me
than with a lady who's haughty and proud
I'd milk your cows and I'd do your churning
and I'd strike a blow if it came to it.

O Dónall Óg, if you go o'er the sea,
take me with you and do not forget me;
and on fair day and at market you'll have a present,
and a Greek king's daughter for a bed-mate.

If you go, I have a marker on you:
fair is your hair and grey are your two eyes,
twelve curls in your blonde ringlets
like a cowslip or a garden rose.

Late last night the dog announced you
and from the deep marsh the snipe called to you
while all alone you roamed through the woodlands,
and I pray that you be without wife till you find me.

You made a promise to me, but told me a lie,
that you'd be waiting for me at the sheep-pen;
I let out a whistle and called three hundred times to you
but all I found were bleating lambs.

When I go to St Patrick's Well
to do the pilgrimage for the sake of my true love –
I do not expect to see you today nor tomorrow,
my dear beloved, a thousand farewells to you.

You promised me something not easy for you
a golden ship with a silver mast,
a dozen market towns
and a fine lime-white court by the sea.

Your love was nothing more than a fistful of white snow,
or sand on a beach at the heart of the sea,
or a gentle breeze over a ridge of fields,
or a sudden flood after a day's rain.

My dear mother told me not to speak to you
today or tomorrow or even on Sunday.
It was an ill time that she gave me that warning –
fencing a field when the plunder's done.

It's time for me to leave this place;
for the stone here is sharp and the clabber cold;

it's here I found only a begrudging voice
and the bitter word from those who gossip.

I denounce love – and woe to her who ever gave it
to the son of that woman who never understood it;
my heart deep inside me he has left all blackened
and I see him neither on this street nor anywhere else.

Woe, alas, and it's not from hunger,
lack of food, drink or sleep
that I am so thin and haggard,
but from love of a young man which has left me weakened.

You took my east and you took my west from me,
you took the sun and you took the moon from me,
you took the bright heart that was in my breast from me
and great is my fear that you have taken God himself from me.

[Translation by CMM]

48. An clár bog déil

Tháinig éalú na lánúine neamhphósta mar mhalairt ar an gcleamhnas déanta chun cinn de réir a chéile faoin tuath sa tír seo san ochtú agus sa naoú haois déag (DB: 117). Chun a chur in iúl dá dtuismitheoirí gur chóir ligean don lanúin óg pósadh, bhí orthu imeacht le chéile thar oíche. Ba í an bhrídeog a chuireadh na héadaí leapa ar fáil, de ghnáth. San amhrán cáiliúil seo, déanann siad gan éadaí leapa an chailín agus cinneann siad leaba den chineál is saoire, clár déil, a úsáid. Is é an rud is tábhachtaí don bheirt go mbeidh siad i gcuideachta a chéile chun a ngrá a roinnt lena chéile agus is cuma leo faoi rud ar bith ach nach gcaithfidh siad duine a phósadh trí chleamhnas déanta.

Phósfainn thú gan bha gan phunt gan áireamh spré,
agus phógfainn thú maidin drúchta le bánú an lae.
'S é mo ghalar dúch gan mé is tú, a dhianghrá mo chléibh,
i gCaiseal Mumhan is gan de leaba fúinn ach clár bog déil.

Siúil, a chogair, is tar a chodladh liom féin sa ghleann;
gheóbhaidh tú foscadh, leaba fhlocais is aer cois abhann;
beidh na srotha ag gabháil thorainn faoi ghéaga crann;
beidh an londubh inár bhfochair is an chéirseach dhonn.

Searc mo chléibh a thug mé féin duit is grá trí rún,
's go dtaga sé de chor sa tsaol dom bheith lá 'gus tú
is ceangal cléire eadrainn araon is an fáinne dlúth;
'sa dá bhfeicfinn féin mo shearc ag aon fhear gheóbhainn bás le cumha.

[ND I: 82]

48. The soft deal board

The elopement of the unmarried couple in order to avoid undergoing arranged marriages was a feature of life in rural Ireland in the 18th and 19th centuries (DB: 117). To convince their parents that they should be allowed to marry, the couple had to run away and spend a night together. The prospective bride usually supplied the bedclothes. In this famous song, they decide to dispense with the need for bedclothes and choose, instead, the cheapest kind of bed to be had, one made from soft deal wood. What is most important to the young lovers is that they will be together to share their love for one another and in so doing, will avoid the necessity of an arranged marriage to someone they do not love at all.

I would marry you without cattle, without money or a dowry to pay,
and I'd kiss you on a dewy morning at the dawning of day.
It depresses me that you, dear love of my breast, and I
are not in Caiseal of Munster with nothing under us but a soft deal board.

Come on, my love, come sleep with me in the glen.
There you'll find shelter, a soft bed and fresh river air.
The streams will be flowing beside us under the branches of the trees.
The blackbird and his mate we'll have for company.

I have given you the love of my heart, my secret affection.
In the course of things, may that day come when you and I
will have a clerical bond and a ring of intimacy between us both,
for if I saw my love with any other man, I would surely die of grief.

[Translation by CMM]

49. A BHUACHAILL AN CHÚIL DUALAIGH

Grá éagmaise nó dúil gan fháil is téama don amhrán grá seo. Sampla anbhreá é den chailín óg atá i ngrá le fear nach dtugann grá di. Léirítear briseadh croí agus fulaingt an chailín go soiléir tríd síos agus tá sé le brath go láidir go háirithe sna línte: 'Ní thuigeann tú mo mhearú, 's ní airíonn tú mo phian, is mar bharr ar gach aindeis, is leat do chailleas mo chiall!'

A bhuachaill an chúil dualaigh,
cár chodail mé 'réir?
Ag colú do leapan
's níor airigh tú mé.
Dá mbeadh fios mo cháis agat,
ní chodlófá néal,
's gurab é do chomhrá binn blasta
d'fhág an osna so im thaobh.

Nuair luím ar mo leabain
'sí m'aisling ochón,
's ar m'éirghe dham ar maidin
'sí mo phaidir mo dheór.
Mo ghruaig bhí 'na dualaibh
is d'imigh 'na ceó,
'chionn grá 'thúirt don bhuachaill
nach bhfuighead-sa go deó.

A bhuachaill an chúil dualaigh,
nár fheice mé Dia,
go bhfeicim-se do scáile
'teacht 'dir mé is an ghrian!

Ní thuigeann tú mo mhearú,
's ní airíonn tú mo phian,
is mar bharr ar gach aindeis,
is leat do chailleas mo chiall!

A bhuachaill an chúil dualaigh,
an bhfuil ár sonas le fáil,
nó a' mbeimid 'nár gconaí
in aon lóistín amháin?
Sinn araon pósta,
a stór is a dhian-ghrá,
ár náimhdibh fá bhrón,
is ár gcómhgas go sámh!

[DB: 116]

49. O YOUTH WITH THE RINGLETS

Unrequited love or unfulfilled desire form the central theme of this love poem, which is a very good example of the young girl who is in love with a man who shows her no affection at all. The girl's heartbreak and suffering are clearly described throughout the poem but especially in the lines: 'You don't understand my frenzy and you don't feel my pain, and on top of all other misery, I have lost my reason because of you.'

O youth with the ringlets
where did I sleep last night?
By the bedpost
though you did not hear me.
If you only knew my sad story
you would not sleep a wink.
It is your sweet sweet words
that have left this pain in my heart.

When I lie on my bed
my dream is to sigh,
and when I rise in the morning
my prayer is my tears.
My hair that was in ringlets
has disappeared like mist,
all on account of loving that youth
that I never will have.

O youth with the ringlets,
may I never see God,
till I see your shadow
come between me and the sun.
You don't understand my frenzy,
and you don't feel my pain
and on top of all other misery,
I have lost my reason because of you.

O youth with the ringlets
is our happiness to be found,
or will we ever live
together in one house?
Married to each other
my darling and my love,
our enemies in sorrow
and our friends at peace?

[Translation by CMM]

50. Sail Óg Rua

Deirtear gurbh é Seán Mac Aoidh as Oileán Éadaigh, Co. Mhaigh Eo a chum an t-amhrán seo, i ndiaidh bhás a mhná óige, Sail Óg Ní Mháille. Tá scéal ann gur mharaigh sé Sail agus gur chum sé an t-amhrán agus é sa phríosún mar chruthú nárbh é a mharaigh í. Pé rud faoi na cuntais sin, is léiriú an-chumhachtach é seo ar bhrón an fhir i ndiaidh a mhná agus ar bhás mháthair a linbh. Tá dianphaisean, fíorghrá, fulaingt agus briseadh croí an fhir go láidir i ngach líne den dán.

Nach mise an trua Mhuire 'dhul go Carraigín an Fhásaigh,
's mé a' gol agus a' gárrthaíl is a' déanamh bróin,
mé ag oiliúint mo leanbh ar bhacán mo láimhe,
's gan fiú an braon bainne agam a thiúrfainn dhó.

Dhá mbeadh fhios ag daoine an riocht ina mbímse,
san am a smaoiním ar Shail Óg Rua,
's go bhfuil fuil mo chroí istigh dhá thabhairt ina braonta,
'gus, a Dhia, cén t-ionadh i ndiaidh mo stóir?

In aois a sé déag sea fuair mé fhéin í,
nár dheas an féirín í ag fear le fáil?
Ach, a stór mo chroí, 's tú a d'fhág liom fhéin mé,
mar chuaigh tú i gcré uaim i do chailín óg.

Mo ghrá do bhéilín, 'sé nár chum na bréaga,
's bhí do bhrollach álainn mar an eala a' snámh;
bhí do dhá chíoch gléigeal le mo leanbh a bhréagadh,
'gus, a stór, dhá bhféadfainn, ní bhfaighfeá bás.

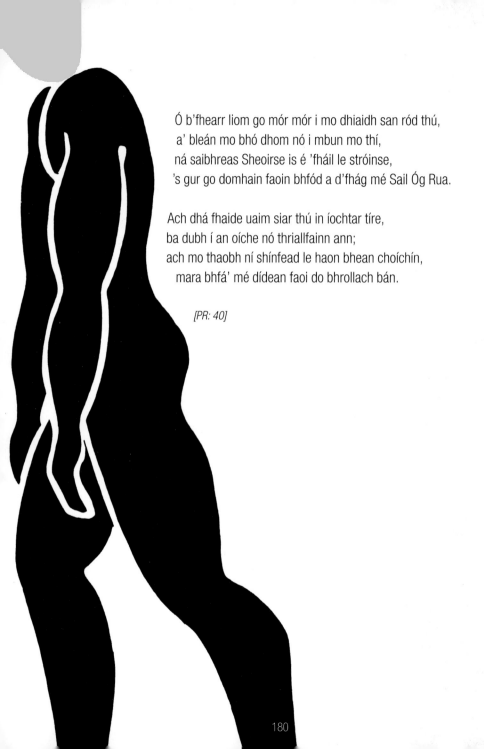

Ó b'fhearr liom go mór mór i mo dhiaidh san ród thú,
  a' bleán mo bhó dhom nó i mbun mo thí,
ná saibhreas Sheoirse is é 'fháil le stróinse,
  's gur go domhain faoin bhfód a d'fhág mé Sail Óg Rua.

Ach dhá fhaide uaim siar thú in íochtar tíre,
ba dubh í an oíche nó thriallfainn ann;
ach mo thaobh ní shínfead le haon bhean choíchín,
  mara bhfá' mé dídean faoi do bhrollach bán.

[PR: 40]

50. Sail Óg Rua

This love song was allegedly written by Seán Mac Aoidh of Islandeady, Co. Mayo, on the death of his young wife, Sail Óg Ní Mháille. There is a story that it was he who killed his wife and that while he was in prison, he composed this song as a means of proving that he was innocent of her murder. Whatever about the various reports regarding the background to the song, it is a really powerful expression of the husband's grief at the loss of his wife and the mother of his child. Raw passion, true love and deep suffering are present in every line of the poem.

Am I not a pity to Holy Mary, going to Carraigín an Fhásaigh,
   as I weep and cry and grieve?
    Rearing my little one in the crook of my arm
    and not having even a drop of milk for him.

   If people only knew the state that I get into,
  each time I think of Sail Óg Rua,
  and that my heart's blood is being shed drop by drop.
  And, Lord, what wonder, having lost the love of my life!

She was sixteen when first I found her,
wasn't she the great gift for a man to come by?
  But, O love of my heart, you have left me all alone,
    for you were a young girl when you were laid in the cold ground.

  My love, your little mouth spoke no false lies,
  and your beautiful breast was like the floating swan.
  Your two bright breasts could settle our little one
  and, my love, if I could help it, you would not have died.

  I would far rather have you behind me on the road,
  milking my cow for me or minding my house,

than share all King George's riches with some other stranger.
Instead, it's deep under the sod my Sail Óg Rua lies.

But no matter how far away in the lowlands you're from me,
dark would be the night that I wouldn't go there.
Never again, though, will I lie down beside any woman
unless it be the shelter of your own fair breast.

[Translation by CMM]

51. An Pósadh Brónach*

Seo sampla maith de na hamhráin sin sa Ghaeilge a chuirtear i mbéal an chailín a ndearnadh a cleamhnas le fear nach raibh sí i ngrá leis ar chor ar bith. Mar bharr ar an donas, feiceann sí grá geal a croí go rialta, rud a threisíonn an droch-chinneadh a rinne a muintir féin agus an drochstaid ina bhfuil sí. Is ionann neart a grá dá leannán agus neart a fuatha don fhear a bhfuil sí pósta leis agus níl sí in ann cur suas leis an gcrá a bhaineann leis an bpósadh míshona ina bhfuil sí.

Níl sé ach anuraidh ó phós mé,
's is faide liom lá ná bliain;
níl dúil in aiteas ná i gceol agam
ná aon spórt 'a bhfaca mé riamh.

Dé Luain a rinneadh mo chleamhnas –
sin bliain is an oíche aréir –
'gus 's páirt mhór de m'aimhleas
droch-chomhairle mo mhuintire féin.

Tá mise pósta gan amhras,
mo chreach, mo chrá is mo léan;
's dá gcastaí fear amháin sa ngleann liom,
bhainfinn de a cheann de léim.

Nuair a théimse 'un Aifrinn Dé Domhnaigh
agus tchím an t-aos óg ag teacht,
an uair a tchím mo stóirín
go sileann mo shúile le reacht.

Tá'n ghruaig ag imeacht 'na ceo díom,
agus mheathlaigh go mór le seal;
agus mí ní mhairfidh mé 'nois
mur' bhfaighe mé do phóg, a chéadsearc.

A phlúir na gcailíní óga,
is tú mhearaigh is bhreoigh mo chiall;
is trua nár síneadh i gcomhnair mé
sular dhúirt mé na focla úd riamh.

[DCCU: 141]

*Tá caighdeánú áirithe déanta agam ar Ghaeilge an dáin seo.

51. A Missed Opportunity

This is a good example of those songs in Irish that are ascribed to the young girl who has been married off to a man she never loved. To make matters worse, she regularly encounters her true love, which only serves to reinforce for her the family's ill-conceived decision to match her with her husband, resulting in her current miserable situation. She loves her young sweetheart as passionately as she hates her older husband and cannot conceive of how she will be able to carry on in this unhappy relationship.

It's only a year since I married,
yet longer than that year is each day;
I have no interest in pleasure or music
or in any other sport I can find.

My match was made on a Monday –
a year ago from last night –
and a big part of my misfortune
is due to the bad advice of my kin.

I am without doubt fully married,
alas, alack and my woe;
and if I should meet any man in the valley,
his head I'd take off in one go.

When I go to Mass of a Sunday
and observe the young folk on their way,
the minute I lay eyes on my sweetheart
my eyes great tears do essay.

The hair on my head like mist thinning
and getting even worse for some time;
and I won't survive a month longer now
if I don't get your kiss, my true love.

O choice of all the young maidens,
you have weakened and deadened my sense;
more's the pity I lay not in a coffin
before uttering the words 'I do'.

[Translation by CMM]

52. An Pósadh Fuafar*

Pléann an dán seo le mothúcháin an chailín nár éirigh léi a fíorghrá a phósadh ach a raibh uirthi fear a phósadh nach raibh a croí ann ar chor ar bith ón tús. Tá a briseadh croí, a díomá agus a cuid frustrachais le mothú go géar i rith an dáin ar fad. Tá a céadsearc féin pósta anois freisin, ach is léir nach sásta atá seisean ach an oiread. Is é an rud is measa faoi seo, dar leis an gcailín, gur thréig a leannán í nuair a thuig sé nach raibh mórán de mhaoin aici ach tuigeann sé anois, agus é ródhéanach ar fad, gur botún mór a rinne sé í a thréigean mar sin.

'Sé do chuairt anuas Dé Domhnaigh
a d'fhág faoi bhrón mé le seachtain,
is mé 'síorsmaointeamh ar an óigfhear
a shiúladh 'n ród liom anuraidh.

A Mhuire, 's a Rí an Domhnaigh,
ná nach bhfuil cabhair ar bith i ndán domh,
ná nach mbím go bráth 'mo chónaí
in a'n lóistín amháin leis?

'Sé mo chreach is mo ghéar-bhrón
nach 'mo phósadh anocht atá mé,
m'fhear-sa a bheith faoin fhód,
agus tusa ar thórramh do mhná-sa.

D'fhág tú mé, a bhuachaill,
nuair a fuair tú mé bheith folamh,
ach beidh mé choích' in uaigneas,
is nach trua leat mo ghearán?

Eisean
A Nóra, mo mhíle stór thú,
ná bíodh brón ort ná tuirse;
má chuaigh a' cluiche claon orainn
'sé mo léan 'inn a bheith sgartha.

[DCCU: 144]

*Tá caighdeánú áirithe déanta agam ar Ghaeilge an dáin seo.

52. Disappointment in Love

In the following poem the reader encounters the feelings of the young woman who did not succeed in marrying her true love but had to marry another man she did not truly love. Her heartbreak, disappointment and frustration are vividly described throughout the poem. Her true love is now also married to a woman with whom he is not content either. What makes matters worse for the young girl is that her lover didn't marry her when he found out that she was not from a wealthy family, but now, when it is too late, realises the extent of the mistake he has made.

It was your visit to meet me just last Sunday
which has left me in tears all this week,
thinking non-stop about that young man
who last year used to take me for a stroll.

O Mary and O Lord God above,
is there no help for me to be had,
and will I never share
the same household as he?

Great pity and woe it is to me
that tonight I am not to be wed,
my husband laid in the ground,
and you at the wake of your wife.

You left me, my love,
when you realised that I had no dowry,
but I will ever be lonely,
and have you no pity for me at all?

He
O Nóra, you are my dear treasure,
try not to be worried or sad;
if the game went askew on us
it is my great regret that we're apart.

[Translation by CMM]

53. An Búrcach*

Tá fianaise sa dán seo ar théama neamhchoitianta filíochta. Dán é a chuirtear i mbéal na máthar agus í ag cur comhairle ar a mac. Tá sí ag moladh dó bean óg álainn a mbeadh dúil aige inti a phósadh agus gan bheith ag smaoineamh ar nithe saolta mar mhaoin shaolta agus méid na spré. Tá an moladh traidisiúnta ann ar áilleacht na mná ach i véarsa a trí feictear go bhfuil aird ag an máthair ar thréithe pearsanta an chailín chomh maith a fhágann gur 'céile shocair shuairc de bhé dheas bheadh gan ghruaim' (ll. 29-30) a bheas mar chéile ag a mac má leanann sé a comhairle.

A Bhúrcaigh Óig ón gCéim
mar a dtéann an fia chun strae,
fill thar n-ais, is beir leat bean
a dhéanfaidh beart dod' réir;
ná fág í siúd id' dhéidh
mar gheall ar bheagán spré,
dá dtigeadh a clann sa bhruíon led' ais
go mbuafaí leat an sway.

Mura mbeadh crosa is fán an tsaoil
is bás a hathar féin
bheadh flúirse mhór dá stoc ansiúd
i ngaortha cumhra réidh;
marcaíocht shocair shéimh
is culaith den tsíoda dhaor,
leaba chlúimh bheadh faoina cúm
is cruitín dúnta léi.

'Sí Neil Ní Mhichíl Chnámhaigh
an eala mhúinte mhná,

gaol na bhfear is na dtíosach ceart,
thuill clú agus meas riamh a fháil;
seomraí brúchtaigh bháin
is machaí bó ag tál
mná dea-chlúmhail 'na dtithe siúd
a riarfadh flúirse aráin.

A Bhúrcaigh úd 'tá thuaidh
ag ciumhais na Locha Lua,
beidh ort an léan má thréigeann tusa
craobhfholt dheas na gcuach;
céile shocair shuairc
de bhé dheas bheadh gan ghruaim,
go bhfuil an *sway* aici féin dá réir
ó chaol an ghleanna go cuan.

Ar maidin Domhnaigh Dé
is í thaistil chughainn thar Céim
an ainnir mhúinte chneasta chlúmhail
ba dheas é dlúth a déad;
bhí lasadh lúr na gcaor
'na leacain úir, bhuí réidh,
ba phras é a siúl ar bharr an drúcht'
gur sciob sí an Búrcach léi.

[FMBL: 49]

*Tá caighdeánú áirithe déanta agam ar Ghaeilge an dáin seo.

53. The young Burke

This poem provides us with an unusual example of love poetry. The poem is put in the mouth of a mother advising her son about his choice of wife. She encourages him to marry the girl of his desires rather than be preoccupied with worldy matters such as the size of her dowry. While we have the traditional depiction of the physical beauty of the woman in the final stanza, verse three refers to certain desirable traits in her personality. The mother's hope that her son will be happy with his wife is clearly illustrated in ll. 29-30: 'she would make you a steady wife, she would always be cheerful and gay'.

Young Burke my son from Céim
where deer roam the hills all day,
come back home and bring the girl
whose mind is to obey;
don't cast her aside
for the dowry of a better-off bride,
if her kin stood with you in the fray
you would win the day.

Life gives us crosses to carry.
If her own father hadn't died,
her family would be grazing cattle
on the lush grasslands by the Lee;
she would ride horses with ease,
and wear a suit of rich silk,
she would lie on a bed of down
with curtains drawn for dreams.

Michael Cnámhach's daughter, Neil,
is a mannerly and dignified girl;
kin to hospitable and thrifty men,
well-known names who earn real respect;
they have bright rooms and lit hearths,

their lands are stocked with milking cows,
their women are known for the abundance
of the hot bread they bake.

Young Burke there up north
by the lakeside of Loch Allua,
you'll regret it for life if you jilt
the girl with the flowing curls;
she would make you a steady wife,
she would always be cheerful and gay,
she soars above all like the plover
and makes a clean sweep to Bantry Bay!

It was on a Sunday morning
she came our way over the Pass,
this well-bred, pleasant lass
with even teeth and an open smile;
her cheeks were smooth and fresh,
she was bright as a cluster of berries,
she danced lightly through the dewy grass
and swept young Burke with a glance away.

[Translation by Liam Ó Muirthile]

54. Dánfhocail

Sa bhliain 1921, d'fhoilsigh Thomas F. O'Rahilly, Ollamh le Gaeilge i gColáiste na Tríonóide, Baile Átha Cliath, cnuasach 'dánfhocal'. É féin a cheap an teideal sin orthu as líne i gceann de na ceathrúna atá sa chnuasach (cf. DIEV: Uimh. 55) chun a mhíniú go beacht cad é a bhí i gceist leo. Ní fios cé a chum cuid mhór acu cé go mbíonn eisceachtaí ann ó áit go chéile. Ceathrúna nó véarsaí as lámhscríbhinní Gaeilge iad ar théamaí éagsúla agus iad scríofa sna seanmheadarachtaí siollacha (*dán*). Rangaigh O'Rahilly féin de réir téama iad agus tá samplaí de na cinn ar théama an ghrá/ na mban le fáil thíos. Tá dearcadh ciniciúil na bhfear ar na mná le feiceáil i gcuid mhór de na véarsaí seo ach is minic an greann le fáil iontu chomh maith. I mír *a* thíos, mar shampla, feictear suim an fhir sa bhean óg (seachas bean aibí, aosta) agus sa spré a bheadh léi – grá don airgead chomh maith leis an mbean. Tá macalla den seanfhocal 'marbh ag tae agus marbh gan é' i míreanna *b* agus *e*, áit a dtugann an file faoi deara nach féidir le fear maireachtáil le bean ná maireachtáil gan bhean ach an oiread. Léirítear an grá éagmaise i mír *d*, mar a bhfuil croí an fhir gonta ag easpa suime na mná. Má chuirtear cinnlitreacha ainmneacha na gcrann sa rann sin le chéile, feictear gur 'cailín óg' a bhí ag briseadh a chroí. Tuiscint an fhile ar an tábhacht a bhaineann leis an ngrá bheith á roinnt go cothrom ag lánúin dá chéile atá i mír *g*. Aon duine, a deir sé, a thugann uaidh a ghrá, gan é a fháil ar ais, 'is leamh a thuras'! Tagraíonn an file do dhochar an éada i mír *h* agus is comhairle mhaith a thugann sé, bíodh cairdeas nó grá idir beirt i gceist.

a.
Ní háil liom seanbhean mar mhnaoi,
máthair chúig searrach nó sé;
ní háil liom í gan áirnéis,
's ní háil liom í is áirnéis lé.

Is áil liom bean cháirdeamhail óg,
is áil liom a beith ró-dheas suairc,
is áil liom a beith geanmnuidhe módhail,
is áil liom iomad óir lé mar dhuais.
     Tomás Ó Gliasáin

b.
Is mairg atá mar atáim,
's is mairg do-bheir grádh leamh;
is mairg do bhíos gan mhnaoi,
's is dá mhairg agá mbí bean.

c.
Ó nach bhfuil, a Shiobhán Sál,
t'fhaicsin i bhfus i ndán dúinn,
ar Shliabh Shíóin, fear mar chách,
beanfad asat lán mo shúl!

d.
Coll, Ailm agus Iodha,
Luis, Iodha agus Nuin,
Onn is Gort deas sgiamhach –
í mo chlí-se do ghuin.

e.
Is truagh, a Dhé, mo ghalar,
gan mé agam ná ise;

ní fhuilim féin agamsa,
's ní hagam atá sise.

f.
Cumann cealgach ag mnaoi,
is cumann dearbhtha 'na dhíol uaim;
mise i ngéibheann dá grádh,
's ise ag caitheamh gach léim ar luas!

g.
Cuma liom, ní abraim é;
gibé bheir go léir a ghean,
is gan grádh d'fhagháil dá chionn,
a thuras, dar liom, is leamh.

h.
Comhfhaid do théid teas is fuacht,
comhfhaid do théid fuath is grádh;
téid an t-éad go smior,
is fanann ansin go brách.

[DIEV: 15-19]

54. Epigrams

In 1921, Thomas F. O'Rahilly, Professor of Irish at Trinity College, Dublin, compiled a selection of what he called *dánfhocail* or epigrams. He borrowed the term from a line in one of the quatrains in the collection (cf. DIEV: No. 55) and used it to neatly describe this kind of verse. They are simply quatrains or verses written in the old syllabic metres (*dán*) and which he gleaned from his study of Irish manuscripts. Very few of them are ascribed to any author. O'Rahilly arranged them by theme and some of the verses listed under the theme of love and women appear below. The sometimes cynical male view of the female is strongly to the fore in these quatrains, but there is tongue-in-cheek humour there, too. In *a*, for example, the man's interest in a young woman (as opposed to an older more mature lady) and her dowry is presented clearly to us – love of money as well as love of the woman. There is an echo of the Irish proverb in verses *b* and *e*, where the poet remarks that men can neither live with women nor without them. Unrequited love is the theme of verse *d*, where the man's heart has been crushed by the woman of his affections. If the initial letters of each of the trees listed in the Irish verse are put together, they make up 'cailín óg' (young girl), presumably a reference to the young woman who has broken his heart. In verse *g* the poet reveals his belief that a shared love (rather than a one-way affection) is essential in a loving relationship. Anyone, he says, who gives all his love without receiving love in return is travelling a lonely road. The poet talks in verse *h* about the destructive force of jealousy or envy in a relationship and imparts sound advice regarding any friendship or love.

a.
I don't care for an old woman as a wife,
the mother of five children or six;
I don't much care if she comes without a dowry,
nor with one, for that matter.

I like a young, friendly woman,
I like her to be pleasant and agreeable,
I like her pure and well-bred,
and to have plenty of money to boot!
      Tomás Ó Gliasáin

b.
Woe is me the way I am,
and woe is he who rashly loves;
woe is he who has no woman,
but woe twofold is he who has!

c.
Since, O Siobhán Sál,
we are not to see you in this life;
on Judgment Day, I like any other man,
will look my fill upon you.

d.
Hazel, Palm and Yew,
Quicken, Yew and Ash.
Broom and Furze, fair and blossoming –
she my heart has stung.

e.
O Lord, what an ailment,
not to be myself and not to have her!
I'm beside myself,
when she's away from me!

f.
The woman's guileful affection,
in exchange for my true love;
I am entrapped by love of her,
she, however, is prancing around.

g.
I don't care, and I don't mind saying it;
he who gives all his affection,
without getting love in return,
makes a dreary journey.

h.
Heat and cold do travel far,
so, too, do love and hate,
jealousy, however, runs very deep,
and never, then, abates.

[Translations by CMM]

1900–

55. A CHINN ÁLAINN

Pádraig Mac Piarais (1879-1916) a chum an dán seo. Liric bheag ghrá atá ann ina bhfuil an file ag cur síos ar leannán grá atá marbh ach a mhaireann go fóill ina chuimhne agus ina chuid brionglóidí. Tá réaltacht gharbh a báis in iomaíocht leis na caoinchuimhní beo atá aige ar na hamanna a chaith siad le chéile. Cuireann an ciúnas atá fágtha aici ina diaidh isteach go mór air.

A chinn álainn na mná do ghrádhas,
i lár na hoíche cuimhním ort:
ach filleann léargas le gile gréine –
mo léan an chnumh chaol dod' chnaí anocht!

A ghlóir ionmhain dob íseal aoibhinn,
an fíor go gcualas trém' shuanaibh thú?
Nó an fíor an t-eolas atá dom bheoghoin
mo bhrón, sa tuamba níl fuaim ná guth!

[FGPP: 44]

55. O Fair Head

Pádraig Mac Piarais (1879-1916) wrote the following poem. It is a short love-lyric in which the poet talks about his lover who has died but who lives on in his memories and his dreams. The harsh reality of her passing vies with the gentle lively memories of the times they spent together. The silence she has left behind her affects the poet deeply.

O fair head of the woman I have loved,
in the depths of night I think of you:
but insight returns with the sun's brightening,
how I hate the thin worm that gnaws you tonight!

O beloved voice once soft and lovely,
is it true that I heard you in my dreams?
Or is it true, this knowledge that haunts me?
Alas in the grave, no sound no voice.

[Translation by CMM]

56. Do mhnaoi nach luaifead

Máirtín Ó Direáin a scríobh an dán seo ina léiríonn an file a shástacht go raibh sé i ngrá go rúnda, i gan fhios d'éinne, lena leannán grá. Tugann véarsa a trí le fios nach bhfuil aon ghaol ann a thuilleadh nó go bhfuil an bhean féin ar shlí na fírinne. Is rud fíorphríobháideach an grá eatarthu sa dán seo agus is léir gur thaitin an rúndacht sin leis an bhfile. Bhí daoine eile ag iarraidh a ladar a chur isteach sa scéal chun nádúr an chaidrimh a fhiosrú ach ní osclaíonn an file a bhéal. Léiríonn sé gur phribhléid é aithne a chur ar an mbean agus bheith i ngrá léi. Níl sé ag iarraidh é sin a thruailliú le baothchaint fhánach faoin gcaidreamh le comharsana agus cairde.

Nuair a luaitear d'ainm liom,
a bhean nach luaifead féin,
ní osclaímse mo bhéal
ach déanaim gáire beag.

Ní osclaímse mo bhéal
ar eagla mo rún a scéitheadh,
rún nach eol dóibh siúd
a luann d'ainm liom.

Lionndubh a bhíos os cionn
an gháire sin a ním,
ach bród a bhíos ina dháil
faoin aithne a chuireas ort.

Faoin aithne a chuireas ort,
faoin gcomhrá béil is suilt,
ní osclaímse mo bhéal,
a bhean nach luaifead féin.

[MÓDD: 18]

56. For a Woman Whose Name I Shall Not Utter

Máirtín Ó Direáin composed this poem in which the poet reveals his satisfaction at being secretly involved with his lover. Verse three suggests that the relationship has come to an end or that the woman herself has passed away. Their love in this poem is an intensely private affair and the poet clearly enjoyed keeping it that way. It is clear, too, that others suspected that the relationship was under way and were prying into it but the poet keeps his lips firmly sealed. He shows how privileged he was to have known the woman and to have loved her. He does not wish to sully the memory of the relationship with idle talk about it to friends and neighbours.

When they mention your name to me,
O woman whose name I shall not utter,
I part not my lips
but let escape a light laugh.

I part not my lips
for fear of revealing my secret,
the secret they do not know,
they who mention your name to me.

Over that laugh I make
lies a melancholy,
accompanied by the satisfaction
of having known you.

About having known you,
about our words and our pleasure,
I part not my lips,
O woman whose name I shall not utter.

[Translation by CMM]

57. An seanghalar

Is i mBaile Átha Cliath a rugadh Máire Mhac an tSaoi sa bhliain 1922, ach chaith sí tréimhsí fada ina cónaí i gCorca Dhuibhne i gCo. Chiarraí. Rinne sí staidéar ar nua-theangacha agus ar an Léann Ceilteach i gColáiste na hOllscoile, Baile Átha Cliath, agus chaith sí tamall ag obair i Scoil an Léinn Cheiltigh san Institiúid Ard-Léinn. Tarraingíonn sí ar an traidisiún dúchais filíochta ó thaobh ábhair agus foirme. Is caoineadh atá sa dán seo a leanas faoi chailín tuaithe atá i ngrá le hógánach de chuid na háite. Cuireann an cailín scéal a ghrá os ár gcomhair go simplí cumhachtach. Ní chuireann sí suim ar bith san ógánach i dtús báire agus bíonn sí ag magadh faoi chás na mban óg eile sa cheantar a ritheann ina dhiaidh ach nuair a bhuaileann an grá í, is i dtaom obann a tharlaíonn sin agus is léir dúinn go bhfuil seanghalar an ghrá tar éis í a bhualadh go trom – den chéad uair riamh, b'fhéidir.

Cad a bhí it éadan go ngéillfinnse dod bhréithre?
Níor dheineas ort ach féachaint is do thréig mo chiall;
claondearc na súl nglas, do choiscéim ab éadrom,
do chéasadar mo chroíse, is go réidh ní chuirfead díom.

Is, a chaológánaigh, ba chráite an mhaise dhuit
teacht aniar aduaidh orm go cúthail i ngan fhios dom –
caidreamh go dtí seo riamh níor braitheadh eadrainn
ach malartú beannacht leat ag gabháil dúinn chun an aifrinn.

Ógmhná na dúthaí seo, má ritheadar id dhiaidh,
má thiteadar le baois duit, nár chuma liom a gcás?
Beag dá bharr anois agam suite cois an chlaí
ag feitheamh féach an bhfeicfinn thú tharam chun na trá.

Is, a chaológánaigh, is fada liom an tseachtain seo,
is gach greim bídh dá n-ithimse is láidir ná go dtachtann mé –
a Dhia mhóir na glóire, ní fiú bheith beo mar mhairimse!
Is nach crosta é an grá so don té a raghadh gafa ann?

Mar leoithne úr ón bhfarraige i meirfean an lae,
airím do theacht in aice liom, is is gile liom ná bláth
na bhflaige mbuí san abhainn uaim á leathadh féin le gréin
aon amharc ort – is nárbh fhearra dhom dá bhfanfá uaim go brách!

Is, a chaológánaigh, do réifeadh dom fáil scartha leat –
cleamhnas dom do dhéanfadh mo mhuintir i bhfad as so;
salmaireacht na cléire, sácraimint na heaglaise,
do thabharfaidís chun céille mé – dá mb'fhéidir liom tú dhearmad.

[MS: 43]

57. THE OLD AFFLICTION

Máire Mhac an tSaoi was born in Dublin in 1922 but spent long periods of time living in the Corca Dhuibhne Gaeltacht in Co. Kerry. She studied modern languages and Celtic Studies at University College, Dublin and worked for a time in the School of Celtic Studies in the Institute for Advanced Studies. She frequently draws on the native poetic tradition of the Irish language in both content and form. This poem is a lament about a country girl who falls in love with one of the young local boys. The girl relates the story of her love simply but powerfully. Initially, she shows no attraction to the young man, laughing at the interest shown in him by other girls, but when love smites her it happens suddenly and with force – perhaps for the first time ever.

What was it in your expression that I should yield to your words?
I only looked at you and nearly lost my mind;
that side-long glance of those grey eyes, your lightness of step,
they tormented my heart, and not easily will I get over them.

And, my fine young man, it was crafty enough of you
to sneak up on me like that without my ever knowing it –
no spark between us had I felt up to this
except maybe an exchange of greetings on the way to mass.

And even if the young local girls did run around after you,
even if foolishly they fell for you, what did I care about them?
Yet little do I have for it now sitting here on the ditch
waiting to see if I might spot you coming my way towards the strand.

O, my fine young man, this week feels long to me,
and every morsel I eat is enough to choke me –
good God, life like this is not worth living!
And isn't love so complicated for anyone who goes there!

As a fresh sea-breeze in the dead heat of day
I feel you approach, and lovelier to me than the blossom
of the wild iris in the river, spreading itself before me in the sun
is just one look at you – yet better for me that you stay away from me for ever!

And, my fine young man, it would suit me well to be rid of you –
and for my own kin to make my match somewhere far away from here;
the chant of clerics and the church's rites
might bring me to my senses – if only I could forget you.

[Translation by CMM]

58. A FHIR DAR FHULAINGEAS

Tarraingíonn Máire Mhac an tSaoi ar ghné eile de thraidisiún na litríochta sa Ghaeilge sa dán seo a leanas. Dúirt Frank O'Brien faoin dán go 'mbaineann sí feidhm as na tuairimí a luaitear sna héagaointí cúirtéiseacha atá sna dánta grá'. (FGL: 171) An grá rúnda cráite atá i gceist anseo arís. Is mar sclábhaí ag an ngrá atá an file (l. 4) agus tá an caidreamh ag teacht idir í agus codladh na hoíche (l. 7). Luann sí an fhulaingt atá i gceist i véarsa a trí agus sa véarsa deireanach cuirtear síos go cruinn ar chás na mná: ní féidir léi bheith i gcuideachta an óigfhir ná bheith ina éagmais.

A fhir dar fhulaingeas grá fé rún,
feasta fógraím an clabhsúr:
dóthanach den damhsa táim,
leor mo bhabhta mar bhantráill.

Tuig gur toil liom éirí as,
comhraím eadrainn an costas:
fhaid atáim gan codladh oíche
daorphráinn orchra mh'osnaíle.

Goin mo chroí, gad mo gháire,
cuimhnigh, a mhic mhínáire,
an phian, an phláigh, a chráigh mé,
mo dhíol gan ádh gan áille.

Conas a d'agróinnse ort
claochló gréine ach t'amharc,
duí gach lae fé scailp dhaoirse –
malairt bhaoth an bhréagshaoirse!

Cruaidh an cás mo bheith let ais,
measa arís bheith it éagmais;
margadh bocht ó thaobh ar bith
mo chaidreamh ortsa, a óigfhir.

[MS: 50]

58. A SECRET LOVE

Máire Mhac an tSaoi

Máire Mhac an tSaoi draws on another aspect of the Irish literary tradition in the following poem. Frank O'Brien has commented that she makes use of the courtly lamentations found in love poetry (FGL: 171). It is the theme of love in secret which we find here. The poet has been enslaved by love (l. 4) and she feels that the relationship is having an adverse effect on her (l. 7). She bemoans the suffering she is undergoing in verse three and in the final verse her situation is clearly defined: no matter whether she is with her lover or away from him, the suffering is the same.

O man for whom I have endured a secret love,
I declare it henceforth at an end:
tired I am of dance,
I have served enough time as your slave-woman.

Understand that I want to end this,
I sum up what it has cost us:
as long as I remain without night's rest
my withering sighs press hard upon me.

My heart's wound, my laugh's restraint,
remember, you shameless one,
the pain, the torture that plagued me,
that betrayed me without luck or love.

How should I avenge myself on you?
One look at you eclipses the sun
each day's darkness a spell in bondage –
false freedom is a foolish exchange.

Tough for me to be near you,
tougher still to be apart from you;
a poor bargain either way
my love for you, my young man.

[Translation by CMM]

59. Impí

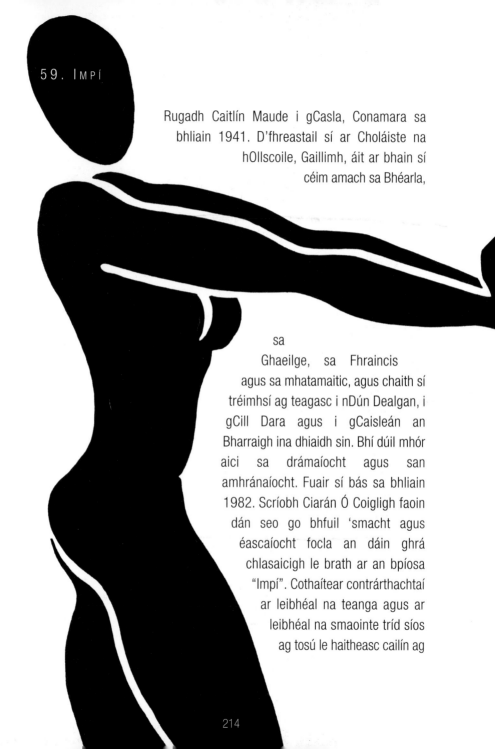

Rugadh Caitlín Maude i gCasla, Conamara sa bhliain 1941. D'fhreastail sí ar Choláiste na hOllscoile, Gaillimh, áit ar bhain sí céim amach sa Bhéarla, sa Ghaeilge, sa Fhraincis agus sa mhatamaitic, agus chaith sí tréimhsí ag teagasc i nDún Dealgan, i gCill Dara agus i gCaisleán an Bharraigh ina dhiaidh sin. Bhí dúil mhór aici sa drámaíocht agus san amhránaíocht. Fuair sí bás sa bhliain 1982. Scríobh Ciarán Ó Coigligh faoin dán seo go bhfuil 'smacht agus éascaíocht focla an dáin ghrá chlasaicigh le brath ar an bpíosa "Impí". Cothaítear contrárthachtaí ar leibhéal na teanga agus ar leibhéal na smaointe tríd síos ag tosú le haitheasc cailín ag

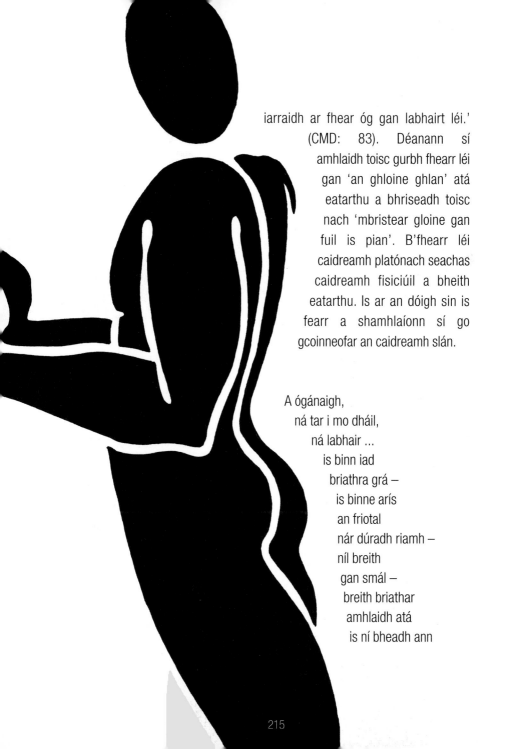

iarraidh ar fhear óg gan labhairt léi.' (CMD: 83). Déanann sí amhlaidh toisc gurbh fhearr léi gan 'an ghloine ghlan' atá eatarthu a bhriseadh toisc nach 'mbristear gloine gan fuil is pian'. B'fhearr léi caidreamh platónach seachas caidreamh fisiciúil a bheith eatarthu. Is ar an dóigh sin is fearr a shamhlaíonn sí go gcoinneofar an caidreamh slán.

A ógánaigh,
  ná tar i mo dháil,
    ná labhair ...
      is binn iad
        briathra grá –
       is binne arís
      an friotal
      nár dúradh riamh –
     níl breith
     gan smál –
      breith briathar
       amhlaidh atá
        is ní bheadh ann

ach rogha an dá dhíogha
ó tharla
an scéal mar 'tá ...

ná bris
an ghloine ghlan
'tá eadrainn
(ní bhristear gloine
gan fuil is pian)
óir tá Neamh
nó Ifreann thall
'gus cén mhaith Neamh
mura mairfidh sé
go bráth?
ní Ifreann
go hIfreann
iar-Neimhe ...
impím arís,
ná labhair,
a ógánaigh,
a 'Dhiarmaid',
is beidh muid
suaimhneach –
an tuiscint do-theangmhaithe
eadrainn
gan gair againn
drannadh leis
le saol na saol

is é ár mealladh
de shíor –
ach impím ...
ná labhair ...

[CMD: 19]

59. ENTREATY

Caitlín Maude was born in Casla, Conamara in 1941. She studied at University College, Galway, where she was conferred with a degree in English, Irish, French and mathematics, and she later spent periods teaching in Dundalk, Kildare and Castlebar. She also developed a great interest in drama and song. She died in 1982. Ciarán Ó Coigligh remarked that the ease of expression found in classical love poetry is a feature of the following poem. Contrasts at the level of both language and content are found throughout beginning with the young woman's exhortation to the man not to speak to her (CMD: 83). She makes this plea because she does not want to break 'the clear glass between us (for no glass can be broken without blood and pain)'. She would prefer a platonic relationship to a physical one between them. In that way she feels that the friendship between them will best be preserved.

Young man,
don't come near me
do not speak ...
sweet indeed
are love's words –
sweeter still
the word
unspoken –
no judgment is
without blemish –
the judgment of words
is the same
and what would there be anyway
only Hobson's choice
since it happens
that that's the way things are ...

do not break
the clear glass
between us

(for no glass can be broken
without blood and pain)
for Heaven or Hell
is on the other side
and what good is Heaven
if it doesn't last
forever?
There's no Hell
till Hell
post-Heaven ...
I beg you again,
don't speak,
young man,
my 'Diarmaid',
and we will be
at peace –
that untouchable understanding
between us
with no need for us
to draw near it
for ever and ever
as it draws us
constantly –
but I beg you ...
don't speak ...

[Translation by CMM]

60. Aimhréidh

Caitlín Maude

Labhraíonn an file go cumhachtach lena leannán fir sa dán seo. Tá an file ag caint leis in aitheasc iarbháis a fhéachann le sólás a thabhairt dó in am na brise agus an uaignis. Impíonn sí air gan deora a chaoineadh agus gan suí léi taobh na huaighe ach siúl cois trá le gur féidir léi labhairt leis 'ó íochtar mara'. Tá fulaingt agus pian an fhir le brath go láidir ar an dán agus is léiriú cumhachtach é, dá bharr sin, ar an taobh sin de chaidreamh lánúine nuair a chailltear duine amháin acu.

Siúil, a ghrá,
cois trá anocht –
siúil agus cuir uait
na deora –
éirigh agus siúil anocht

    ná feac do ghlúin feasta
    ag uaigh sin an tsléibhe
tá na blátha sin feoite
agus tá mo chnámhasa dreoite ...

    (Labhraím leat anocht
    ó íochtar mara –
    labhraím leat gach oíche
    ó íochtar mara ...)

shiúileas lá cois trá –
shiúileas go híochtar trá –

rinne tonn súgradh le tonn –
ligh an cúr bán mo chosa –
d'ardaíos mo shúil go mall
'gus ansiúd amuigh ar an domhain
in aimhréidh cúir agus toinne
chonaic an t-uaigneas i do shúil
'gus an doilíos i do ghnúis

shiúileas amach ar an domhain
ó ghlúin go com
agus ó chom go guaille
nó gur slogadh mé
sa doilíos 'gus san uaigneas.

[CMD: 30]

60. Entanglement

Caitlín Maude

The poet speaks tenderly to her lover in this poem in an address from the grave and seeks thereby to bring him some solace in his time of grief and loneliness. She pleads with him not to shed any tears nor to sit by her graveside but to walk the beach so that she may speak to him from 'ocean's floor'. The pain and suffering of the poet's lover are keenly felt throughout the poem and it is a powerful expression, therefore, of the effects the loss of a partner can have on the one who is left behind.

Walk, my love,
on the beach tonight –
walk, and put away
your tears –
rise up and walk tonight

        nevermore bend your knee
        at that mountain grave
those flowers have withered
and my bones have rotted ...

        (I speak to you tonight
        from ocean's floor –
        I speak to you every night
        from ocean's floor ...)

I once walked on the beach –
I walked to the water's edge –
wave frolicked with wave –
the white foam tongued my feet –
I slowly raised my eye
and there far out on the deep
where foam and wave tangle

I saw the loneliness in your eye
and the anguish in your face.

I walked out onto the deep
from knee to waist
and from waist to shoulder
until I was engulfed
by anguish and loneliness.

[Translation by CMM]

61. Dán do Rosemary

Rugadh Michael Hartnett sa bhliain 1941 sa Chaisleán Nua Thiar, Co. Luimnigh, agus d'fhreastail sé ar Choláiste na hOllscoile, Baile Átha Cliath. Chaith sé tréimhsí ina chónaí sa Spáinn agus i Londain. Dúirt Declan Kiberd faoi: 'For him all poetry was a form of translation, a moment when the author without liberates the artist within. Nonetheless, in *A Farewell to English* (1975) he announced that henceforth he would write only in Irish... He was arguably the most underrated Irish poet of his generation.' (EI: 476). Fuair sé bás in 1999. Sa dán seo a leanas, féachann an file le leithscéal mór amháin a ghabháil lena bhean atá tar éis fulaingt go mór de bharr a chuid laigí féin, agus lena gheallúint di go n-íocfaidh sé an comhar léi ar deireadh. Is dán cumhachtach paiseanta é ina nochtann an file a chroí go hoscailte agus ar bhealach, is impí ar mhaithiúnas é freisin. Is iad an dá líne dheireanacha is fearr a léiríonn guí agus dóchas an fhile go n-aimseoidh an bheirt acu an sonas a bhraitheann sé atá i ndán dóibh.

As an saol lofa seo
gabhaim leat leithscéal:
as an easpa airgid atá
ár síorsheilg thar pháirc
ár bpósta mar Fhionn
gan trua gan chion
ag bagairt ar do shacs-chroí bog ceanúil.
Gabhaim leat leithscéal
as an teach cloch-chlaonta
as fallaí de chré is de dheora déanta –
do dheora boga:
an clog leat ag cogarnach

ag insint bréag,
an teallach ag titim as a chéile.
Téim chugat ar mo leithscéal féin:
m'anam tuathalach, m'aigne i gcéin,
an aois i ngar dom, le dán i ngleic,
i mo gheocach sa tábhairne ag ól is ag reic.
Thréig mé an Béarla
ach leatsa níor thug mé cúl:
caithfidh mé mo cheird
a ghearradh as coill úr:
mar tá mo gharrán Béarla
crann-nochta seasc:
ach tá súil agam go bhfuil
lá do shonais ag teacht.
Cuirfidh mé síoda do mhianta ort lá.
Aimseoimid beirt ár Meiriceá.

[AB: 30]

61. Poem for Rosemary

Michael Hartnett was born in 1941 in Newcastle West, Co. Limerick, and he studied at University College, Dublin. He spent time living in Spain and London before returning to Ireland. Declan Kiberd has written of him, 'For him all poetry was a form of translation, a moment when the author without liberates the artist within. Nonetheless, in *A Farewell to English* (1975) he announced that henceforth he would write only in Irish... He was arguably the most under-rated Irish poet of his generation.' (EI: 476). He died in 1999. In the following poem the poet seeks to make one great apology to his wife for the various wrongs his weaknesses have brought him to inflict on her and to promise her that he will make good the harm done. It is a powerful, passionate poem in which the poet opens his heart completely and which is also, in a way, a plea for forgiveness. The last two lines best portray the wish and hope of the poet that they will both one day attain the happiness he feels awaits them.

For this lousy world
I apologise to you
for the lack of money that
hunts us down over the field
of our marriage like Fionn
without pity, without love
threatening your gentle, kind saxon-heart.
I apologise to you
for this stone-crooked house
for walls made from clay and tears –
your soft tears:
the clock whispering to you
telling lies,
the hearth falling apart.
I go to you with my excuses:
my awkward soul, my far-away mind,
age drawing in on me, wrestling with a poem,
a vagrant drinking and carousing in the pub.

I abandoned English
but never turned my back on you:
my craft I'll have to
hone in a new wood:
for my English grove is
treeless and barren:
but I hope that
the day of your happiness is coming.
I will dress you yet in the silk you desire.
We'll both discover our America.

[Translation by CMM]

62. Tóraíocht

Rugadh Gabriel Rosenstock sa bhliain 1949 i gCo. Luimnigh agus is file agus aistritheoir aitheanta é. D'fhreastail sé ar Choláiste na hOllscoile, Corcaigh, agus chaith sé tréimhse fhada ag obair mar eagarthóir in An Gúm, chomh maith leis an iliomad saothar filíochta, aistriúcháin, saothar taistil agus litríocht do pháistí a fhoilsiú. Sa dán seo a leanas, tugann an file ómós dá bhean chéile, Eithne, ach is dán ómóis don fhilíocht (an dara grá ina shaol) é freisin. Úsáideann sé teanga an ghrá agus teanga na scríbhneoireachta sa dán agus meascann sé ina chéile iad chun an paisean atá aige dá bhean agus do cheird na filíochta a léiriú go grinn.

I
Cá bhfuil na dánta a gheallas
a scríobhfainn duit?
Nílid i ndúch –
gheobhair iad i gcúr aibhneacha
i bhfarraigí
i ngal os cionn failltreacha
ina nguairneáin gaoithe
i súile fiolar
sna scamaill
sna spéartha
fiú sna réalta.
Táid ar a gcúrsa síoraí
ó neamhní go neamhní.
Nílid i gcló –
sciob cumhracht bláthanna iad
is tú ar do ghogaide sa ghairdín,
ghoin neantóga iad

chuimil copóga iad
thuirling bóiní Dé orthu
is shiúil go criticiúil
ag cuardach ríme is meadarachta
gan teacht ar theideal fiú.
Ní féidir tú a ainmniú!
Gairim thú ó lá go lá
le gach anáil.
Cá bhfuil na briathra?
Ghlacais chugat féin iad.
Na haidiachtaí?
Neadaíonn id bhrollach geal.
Poncaíocht?
Tá tú maisithe aici,
ainmfhocail, gutaí is consain,
nathanna uile na Gaeilge
tiomnaím duit iad – Eithne!

//

Ó aois go haois lorgaím do chló
i m'eite
im dhuilleog,
nuair is leanaí sinn
laochra
seanóirí,
ar lic an bháis
is fiú sa bhroinn
tá gach nóiméad le saol na saol

ag ullmhú dom dhánsa duit –
ag cur fáilte romhat.
An gcloisir gála?
Casann an domhan
casann gach ní
casanna na cnoic is na sléibhte.
Dhúnamar, d'osclaíomar ár súile
is dhún arís le hiontas.

///
Ná beannaigh dom
ná féach orm
ná lorg mé
táim ar mo theitheadh
ad lorg
ní hann dúinn
áit ar bith
am ar bith,
nílimid i bhfriotal
nílimid i ngrá
(dá dhéine ár ngrá dá chéile).
Beir ar lámh orm,
a chuisle; éist le tiompán an chroí
a bhuail dúinn anallód,
ní thuigimid fós a bhrí.

[Om: 7]

62. The Search

Gabriel Rosenstock was born in 1949 in Co. Limerick and is a renowned poet and translator. He studied at University College, Cork and spent a long period working as an editor with An Gúm, as well as producing a wide variety of poetry, translations, travel literature and children's literature. The following poem is a statement of homage to his wife but at the same time is a statement of homage to the other love of his life, poetry. He uses the language of love and writing in the poem and interchanges both together to create a new mixture which reveals the extent of his passion for his wife and for the work of his poetry.

/

Where are the poems I promised
I would write for you?
They are not in ink –
you will find them in river-foam
in seas
in spray above cliff-tops
in eddying winds
in eagles' eyes
in the clouds
even in the stars.
They are on their eternal course
from naught to naught.
They are not in print –
the flowers' fragrance snatched them
while you sat on your hunkers in the garden,
nettles stung them
dock-leaves stroked them
ladybirds sat on them
and walked critically
seeking rhyme and metre
unable even to find a title.
You cannot be named!

I call you day by day
with every breath.
Where are the verbs?
You took them to yourself.
The adjectives?
Nestling in your bright bosom.
Punctuation?
You it adorns,
nouns, vowels and consonants,
all the wit of Irish
I dedicate to you – Eithne!

                    //

From age to age I seek out your form
like a wing
like a leaf,
when we are children
heroes
elders,
at death's door
and even in the womb
every moment for now and forever
makes way for my poem to you –
welcomes you.
Do you hear the gale?
The earth turns
everything turns
the hills and mountains turn.
We closed and opened our eyes
and closed them again in awe.

III

Do not greet me
do not look at me
do not search for me
I am on the run
to find you
we do not exist
in any place
at any time
we are not in speech
we are not in love
(though strong our love for each other be).
Take me by the hand,
my love; listen to the heart's tympan
that beat for us long before this,
though we do not yet read its meaning.

[Translation by CMM]

63. PÓGA

Rugadh Michael Davitt i gCorcaigh sa bhliain 1950. Bhain sé céim sa Léann Ceilteach amach i gColáiste na hOllscoile, Corcaigh, agus chaith tamall ina mhúinteoir sula ndeachaigh sé ag obair le Gael-Linn. Bhí sé ag obair mar láithreoir agus mar léiritheoir teilifíse ag RTÉ. Fuair sé bás go tobann sa bhliain 2005. Tagann an file i dtír ar shaol fuadrach na linne seo sa dán gearr seo a leanas. Nádúr an ghrá agus an chaidrimh i saol an lae inniu atá i gceist anseo. Ní bhaineann luas caoin na ndánta grá clasaiceacha leis an dán seo ach gastacht agus luas an 21ú haois. Grá gasta ach grá domhain atá anseo, ach iad curtha in iúl ar bhealach éadrom.

An phóg a thug sí dó is í ag imeacht,
a beola le gloine an chithfholcadáin,
níor dhein sí an bheart.

Ar ball seolann sí téacs chuige
ar an bhfón póca,
'póg cheart'.

[Fardoras: 95]

63. Kisses

Michael Davitt was born in Cork in 1950. He graduated from University College, Cork with a degree in Celtic Studies and then spent some time teaching before going to work with Gael-Linn. He subsequently joined RTÉ as a presenter and television producer. He died suddenly in 2005. The poet makes a connection with the fast pace of modern living in this short poem. In a way, it is a keen reflection on the nature of love and relationship in our fast-moving age. This is not the stately pace of the classical love poetry of the Irish tradition but, rather, the fleeting exchanges of 21st-century life we see revealed.

The kiss she gave him on her way out,
lips pressed to the glass of the shower,
didn't do the trick.

Soon after she sends him a text
on the mobile phone,
'a proper kiss'.

[Translation by CMM]

64. Páirc Herbert

(do Mhoira)

Scrúdaíonn Michael Davitt arís nádúr ghrá an lae inniu sa phíosa gearr seo a bhfuil luas níos réidh ag baint leis ná an píosa roimhe seo. Seo grá éasca tráthnóna samhraidh agus lánúin ag baint suilt as cuideachta a chéile. Is é cumhacht ghrá na mná dá leannán fir sa dán seo go 'samhraíonn sí an doineann as' agus go scaipeann sí néalta dubha an teannais agus na himní lena tadhall.

Bealach na Bó Finne nuair a luímid siar
eala lacha ar gor ar linn lách
samhraíonn tú an doineann
asam idir do chíocha
is barraíocha do mhéar.

[D: 159]

64. Herbert Park

(for Moira)

Michael Davitt once again observes keenly the nature of modern love in this piece, which has a more relaxed pace about it than the previous poem. Here is the easy, lazy love of a couple taking a rest on a summer's evening and relishing each other's company. The love the woman has for her lover is such that it can 'summer' out of him all threat of any dark clouds of tension or worry.

The Milky Way as we lie back,
a brooding swan on a gentle lake,
you summer the winter out of me
between your breasts
and the tips of your fingers.

[Translation by CMM]

65. Amhrán

Corcaíoch is ea Liam Ó Muirthile a rugadh sa bhliain 1950. Cuireadh oideachas i gColáiste na hOllscoile, Corcaigh air, áit a raibh sé ina bhall de mheitheal ógfhilí INNTI. Iriseoir gairmiúil is ea é a bhfuil tréimhsí caite aige ag obair do RTÉ agus *The Irish Times*. Foilsíodh a chéad chnuasach dánta, *Tine Chnámh*, sa bhliain 1984 agus cuireadh cúpla ceann eile amach ina dhiaidh sin, mar atá *Dialann Bóthair* (1992), *Walking Time agus Dánta Eile* (2000) agus *Sanas* (2007). Is dán é seo a chuireann síos ar ghrá gairid paiseanta, guairneán a tharla agus a d'imigh, ach ina bhfuil aibhleoga an phaisin beo go fóill bíodh is go bhfuil an bheirt imithe ar aghaidh lena saol féin ina dhiaidh.

Ar do thuras i bhfad ó bhaile a smaoiním ort,
scar an Nollaig sinn is chuaigh in éag,
an camfheothan a chaith le chéile sinn
is nach gcroithfeadh feasta cnó de ghéag.

Is muna bhfeicfinn go brách arís i mo shaol tú
ná ceap go mba ligthe i ndearmad a bhís,
is cuimhnigh ormsa ar do shiúlta ó thráth go chéile
ar Inis Bó Finne nó pé áit a gheobhair do mhian.

Tá an tnúthán a chonac i do shúile ag gluaiseacht fós tríom,
braithim taoide cíche ag líonadh ar thrá mo chléibh,
is i bhfuacht na hoíche seaca i gCora Finne
teas coirp a chéile, ar maidin dhá eala gloine ar linn.

Is thugamar ár n-aghaidh in éineacht ar radharcanna tíre
ag cruthú spáis chun slí amach a thabhairt dár rúin,
táid anois i seilbh sléibhte is gleannta na hÉireann
is sinn ag titim as a chéile ar aon líne teileafóin amháin.

[TC: 46]

65. Song

Liam Ó Muirthile was born in Cork in 1950. He studied at University College, Cork, where he was a member of the INNTI group of young poets. He is a professional writer and journalist who has worked with RTÉ and *The Irish Times*. His first collection of poems, *Tine Chnámh*, was published in 1984 and several others followed after that, *Dialann Bóthair* (1992), *Walking Time agus Dánta Eile* (2000) and *Sanas* (2007). This poem deals with a short-lived passionate love-affair, a whirlwind that happened and disappeared almost as quickly, but whose embers still glow even though the lovers have moved on with their lives.

On your journey far from home I think of you.
Christmas separated us, then passed away.
The eddying wind that flung us together
wouldn't shake a chestnut from a branch now.

Though we may never meet again,
do not think that you have been forgotten.
Remember me on your walks from time to time
on Inisbofin or wherever you find your faith.

The longing in your eyes still moves through me
and your breasts still surge like the tide on my chest.
Our body heat outwitted that Jack Frost night.
In the morning two porcelain swans drifted on a lake.

We headed off together through country,
creating space for our secrets. They are now
in the possession of Ireland's mountains and valleys
while we fall apart on a telephone line.

[Translation by Greg Delanty, JS: 231]

66. Teanga an ghrá

Liam Ó Muirthile

Tá an dán seo níos cóngaraí do thraidisiún na ndánta grá sa Ghaeilge sa mhéid is go bpléann sé go follasach le moladh na mná as a háilleacht agus as a pearsantacht. Is ionann an bhean sa dán agus an ainnir fhoirfe a bheathaíonn an saol nuair a thagann sí ann. Mar sin féin, is duine beo beathach í i saol an fhile agus déanann sé ceiliúradh ar gach gné dá corp agus dá pearsa tríd an mionmholadh a dhéanann sé uirthi.

Ní gá di faic a rá
labhrann sí teanga an ghrá
lena lámha.

Ní gá di faic a dhéanamh
cruthaíonn sí teanga an ghrá
lena géaga.

Ní gá di faic a gheallúint
bronnann sí teanga an ghrá
lena guíochan.

Ní gá di faic a cheilt
nochtann sí teanga an ghrá
lena féachaint.

Ní gá di faic a chaitheamh
beathaíonn sí teanga an ghrá
lena seasamh.

Ní gá di faic na ngrást
is í teanga iomlán an ghrá
gach anáil aici.

Múin dúinn análú as a nua
chun teanga an ghrá a adú
as béal a chéile.

[Sanas: 37]

66. The language of love

Liam Ó Muirthile

This poem is close to the traditional love poem in Irish in that it deals explicitly with the exhaltation of the woman for her beauty and her personality. The woman of this poem is the perfect *ainnir* (young beauty) of the *aisling* tradition, one who enlivens life with her presence. However, in this poem she is also a real living presence in the poet's life and he celebrates every aspect of her body and person through the detailed praise he bestows on her.

She need say nothing
for she speaks the language of love
with her hands.

She need do nothing
for she fashions the language of love
with her limbs.

She need promise nothing
for she bestows the language of love
with her prayer.

She need hide nothing
for she reveals the language of love
with her glance.

She need wear nothing
for she rouses the language of love
with her poise.

She needs nothing at all
for every breath she takes
is love complete.

Teach us to breathe anew
so that we may draw the language of love
from each other's mouths.

[Translation by CMM]

67. Leaba Shíoda

Rugadh Nuala Ní Dhomhnaill in Lancashire Shasana sa bhliain 1952 agus is i nGaeltacht Chorca Dhuibhne a tógadh í ó aois a cúig bliana di. D'fhreastail sí ar Choláiste na hOllscoile, Corcaigh, áit a raibh sí ina ball gníomhach, ceannródaíoch den mheitheal ógfhilí, INNTI. Chaith sí tréimhse ina cónaí sa Tuirc ach d'fhill sí ar Éirinn in 1980. Tá cónaí anois uirthi i mBaile Átha Cliath. Tá tréimhsí caite aici mar scríbhneoir cónaithe in ollscoileanna agus i leabharlanna ar fud na hÉireann agus thar lear. Tá roinnt mhaith cnuasach filíochta foilsithe i nGaeilge aici: *An Dealg Droighin* (1981), *Féar Suaithinseach* (1984), *Feis* (1991), agus *Cead Aighnis* (1998). Is iad *Selected Poems* (1986), *Pharaoh's Daughter* (1990), *The Astrakhan Cloak* (1992), *The Water Horse* (1999) agus *The Fifty Minute Mermaid* (2007) na príomhchnuasaigh dánta léi atá ar fáil i mBéarla. Sa dán seo a leanas, is í an bhean a dhéanann ceiliúradh ar a grá don fhear agus cé go molann sí a sciamh agus a phearsa ar gach dóigh, tá an ghné chollaí phaiseanta ag borradh aníos tríd síos.

Do chóireoinn leaba duit
i Leaba Shíoda
sa bhféar ard
faoi iomrascáil na gcrann
is bheadh do chraiceann ann
mar shíoda ar shíoda
sa doircheacht
am lonnaithe na leamhan.

Craiceann a shníonn
go gléineach thar do ghéaga

mar bhainne á dháil as crúiscíní
am lóin
is tréad gabhar ag gabháil thar chnocáin
do chuid gruaige
cnocáin ar a bhfuil faillte arda
is dhá ghleann atá domhain.

Is bheadh do bheola taise
ar mhilseacht shiúcra
tráthnóna is sinn ag spaisteoireacht
cois abhann
is na gaotha meala
ag séideadh thar an Sionna
is na fiúisí ag beannú duit
ceann ar cheann.

Na fiúisí ag ísliú
a gceann maorga
ag umhlú síos don áilleacht
os a gcomhair
is do phriocfainn péire acu
mar shiogairlíní
is do mhaiseoinn do chluasa
mar bhrídeog.

Ó, chóireoinn leaba duit
i Leaba Shíoda
le hamhascarnach an lae

i ndeireadh thall
is ba mhór an pléisiúr dúinn
bheith géaga ar ghéaga
ag iomrascáil
am lonnaithe na leamhan.

[DDr: 36]

67. LABAHEEDA

Nuala Ní Dhomhnaill was born in Lancashire, England in 1952. From the age of five, however, she was brought up in the Corca Dhuibhne Gaeltacht in Kerry. She studied at University College, Cork, where she was an active and prominent member of the INNTI group of young poets. Having lived in Turkey for a while, she returned to Ireland in 1980 and now lives in Dublin. She has spent terms as writer-in-residence in universities and in libraries in Ireland and abroad. She has published a number of collections in Irish which include: *An Dealg Droighin* (1981), *Féar Suaithinseach* (1984), *Feis* (1991), and *Cead Aighnis* (1998). The main collections of her translated work are *Selected Poems* (1986), *Pharaoh's Daughter* (1990), *The Astrakhan Cloak* (1992), *The Water Horse* (1999) and *The Fifty Minute Mermaid* (2007). In the following poem, it is the woman who celebrates her passion for her lover and as she praises his beauty and person in every way, there is a keen sense of sexual passion bubbling just underneath the surface all the way through.

I would make up a bed for you
in Labaheeda
in the tall grass
under the wrestling of the trees
and there your skin
would be as silk upon silk
in the darkness
as the moths settle.

Skin which stretches
gleaming over your limbs
like milk being poured from jugs
at lunch-time
as a herd of goats strays over the hills
that are your hair
hills of high cliffs
and two sweeping glens.

And your moist lips
would be of sweetest sugar
at evening-time as we'd stroll
by the river
and honeyed breezes
would blow over the Shannon
and the fuchsia would greet you
one at a time.

The fuchsia would lower
their stately heads
bowing before the beauty
in front of them
and I would pick a pair of them
as pendants
and I would adorn your ears
like a bride.

O, I'd make up a bed for you
in Labaheeda
at twilight
at last
and what a pleasure it would be
to be limb on limb
wrestling
as the moths settle.

[Translation by CMM]

68. Oileán

Nuala Ní Dhomhnaill

Is amhrán molta in ómós do leannán na mná atá sa dán seo. Tá paisean na mná dá fear le mothú go láidir ar an dán ó thús go deireadh. Is cur síos fisiciúil, collaí ar chorp an fhir é, ach taobh thiar de sin mothaítear neart an ghrá atá ag an mbean dó. Tarraingíonn an file go tréan ar na céadfaí sa chur síos a dhéanann sí ar an bhfear chun an grá atá á léiriú aici dá leannán a bheoú, a bheathú agus a neartú.

Oileán is ea do chorp
i lár na mara móire.
Tá do ghéaga spréite ar bhraillín
gléigeal os farraige faoileán.

Toibreacha fíoruisce iad t'uisí
tá íochtar fola orthu is uachtar meala.
Thabharfaidís fuarán dom
i lár mo bheirfin
is deoch slánaithe
sa bhfiabhras.

Tá do dhá shúil
mar locha sléibhe
lá breá Lúnasa
nuair a bhíonn an spéir
ag glinniúint sna huiscí.
Giolcaigh scuabacha iad t'fhabhraí
ag fás faoina gciumhais.

Is dá mbeadh agam báidín
chun teacht faoi do dhéin,
báidín fiondruine,
gan barrchleite amach uirthi
ná bunchleite isteach uirthi
ach aon chleite amháin
droimeann dearg
ag déanamh ceoil
dom fhéin ar bord,

thógfainn suas
na seolta boga bána
bogóideacha; threabhfainn
trí fharraigí arda
is thiocfainn chughat
mar a luíonn tú
uaigneach, iathghlas,
oileánach.

[PD: 40]

68. Island

Nuala Ní Dhomhnaill

This poem is a song of praise in honour of the woman's lover. Her passion for the man in question is powerfully portrayed from start to finish. It is a physical, almost sexual description of the man's body but it underwrites the strength of the woman's pure love for him. The poet draws heavily on sensual language in her description which has the effect of enlivening and enriching the portrayal of the woman's latent desire for her lover.

Your nude body is an island
asprawl on the ocean bed. How
beautiful your limbs, spread-
eagled under seagulls' wings!

Spring wells, your temples,
deeps of blood, honey crests.
A cooling fountain you furnish
in the furious, sweltering heat
and a healing drink
when feverish.

Your two eyes gleam
like mountain lakes
on a bright Lammas day
when the sky sparkles
in dark waters.
Your eyelashes are reeds
rustling along the fringe.

And if I had a tiny boat
to waft me towards you,
a boat of findrinny,

not a stitch out of place
from top to bottom
but a single plume
of reddish brown
to play me on board,

to hoist the large white
billowing sails; thrust
through foaming seas
and come beside you
where you lie back,
wistful, emerald,
islanded.

[Translation by John Montague, PD: 41]

69. Mé sa ghluaisteán leat

Rugadh Rita Kelly in oirthear na Gaillimhe sa bhliain 1953. Tá cónaí anois uirthi in aice Abhainn na Barú idir Baile Átha Í agus Ceatharlach. Tá ceithre chnuasach filíochta foilsithe aici, *Dialann sa Díseart* (le hEoghan Ó Tuairisc, 1981), *An Bealach Eadóigh* (1984), *Fare Well – Beir Beannacht* (1990) agus *Travelling West* (2000). Liric bheag é seo a chuireann síos go lom gonta ar ghrá paiseanta beirte. Tá teanga ar leith ag an ngrá, de réir an fhile, nach bhfuil gá aici le focail ná le briathra. Tá cumacht cumarsáide ag an tadhall ar bhealach nach mbaineann le focail ar chor ar bith.

Mé sa ghluaisteán leat,
cogar i leataobh: searc,
easpa anála.
Aon fhocal? Deamhan focail
a chuirfeadh an nóiméad seo
trí thine duit.
Ach tá greim láimhe eadrainn,
teanga eile i mbrú tráchta ...

[FWBB: 72]

69. In the car with you

Rita Kelly was born in east Galway in 1953. She now lives near the River Barrow between Athy and Carlow. She has published four collections of poetry, *Dialann sa Díseart* (le hEoghan Ó Tuairisc, 1981), *An Bealach Eadóigh* (1984), *Fare Well – Beir Beannacht* (1990) agus *Travelling West* (2000). This short lyric describes the passionate love between two people in a tight, terse style. Love has its own language, according to the poet, a language which has no need for words or speech. Touch has the power of communicating that which does not need to be spoken.

In the car with you,
muted whisper: love,
breathlessness.
Any word? No word
could set alight
this moment for you.
But we hold each other's hand,
another language in a traffic jam ...

[Translation by CMM]

70. Is Bronntanas na Maidine Thú

Sa dán cumhachtach seo, cuireann Rita Kelly friotal éadrom ar ghrá domhain beirte nach féidir leo bheith le chéile an t-am ar fad, ach arb é mian a gcroí go bhféadfaidís a bheith. Fitear áille na maidine, agus í ag briseadh, go dlúth le grá na beirte dá chéile sa dán agus is óid é, ar bhealach, in onóir na maidine agus an ghrá. Tá an focal 'maidin' bainisnceach sa Ghaeilge agus cuireann úsáid an fhorainm 'sí' tríd an dán go mór le séimhe agus le háille bhanúil na teanga agus an chur síos anseo.

Is bronntanas na maidine thú:
an chaoi ina gcruthaíonn sí thú,
guth, mion-ghluaiseacht, gluaiseacht,
athrú aoibhinn anála.
Tá sí mar mhaidin chomh leochaileach leat,
líne, imlíne, fíor-imlíne:
baineann sí thú aniar as an oíche,
chomh séimh sin is a dhéanann sí é,
chomh ciúin, socair.

Ansin cruthaíonn sí briongláin na gcrann
os comhair na fuinneoige,
griogann sí an madra chun tafainn.
Cruthaíonn agus cothaíonn muid a chéile
i gcomhairle is i gcion na maidine.

Glacann an tráthnóna thú
ar ais, arís,
nuair is gá duit
casadh ar leac an dorais,
tabhairt faoin mbóthar
atá le dul eadrainn.
An bóthar céanna
a shíneann chugam agus uaim
in aon síneadh amháin.

Tá na maidineacha chomh míorúilteach sin,
tá an lá ar fad is an oíche
fite iontu
gan chuimse.

[FWBB: 80]

70. You are morning's gift

In this moving poem, Rita Kelly describes the deep love of two people who cannot be together all the time, but whose heartfelt wish throughout the poem is that they could. The beauty of the breaking morning is woven seamlessly into a description of the love of each for the other and in a way, it is an ode to both the morning and to love itself. 'Morning' is a feminine noun in Irish and the use of the word 'she' rather than 'it' in the translation here is meant to reflect something of the womanly gentleness and the beauty of both the language itself and the description of the moment in the poem.

You are morning's gift
in the way she creates you:
voice, gentle stir, movement,
the delight of a change in breathing.
The morning is as delicate as you –
a line, an outline, a real outline –
she reclaims you from the night
so gently,
so quietly, so calmly.

Then she shapes the branches of the trees
by the window
and sets the dog a-barking.
We create and nourish each other
in the loving cherish of morning

but the evening draws you
back again
when you must
turn on the doorstep
and head out on the road
that passes between us;
that same road

that leads to and away from me
in one single span.

The mornings are magic times
when day and night
freely entwine.

[Translation by CMM]

71. Níl aon ní

Rugadh Cathal Ó Searcaigh sa bhliain 1956 i nGaeltacht Dhún na nGall. D'fhreastail sé ar Ollscoil Luimnigh agus ar Ollscoil na hÉireann, Má Nuad. Chaith sé seal ag obair in RTÉ, agus tá tréimhsí curtha isteach aige mar scríbhneoir cónaithe in institiúidí tríú leibhéal agus leabharlanna ar fud na hÉireann. Tá léachtaí agus léamha filíochta déanta aige in áiteanna ar fud an domhain. I measc na mbailiúchán dánta atá foilsithe aige tá: *Súile Shuibhne* (1987), *Suibhne* (1987), *An Bealach 'na Bhaile/Homecoming* (1993), *Out in the Open* (1997) agus *Ag Tnúth leis an tSolas* (2000). Foilsíodh dialann taistil leis, *Seal i Neipeal*, le Cló Iar-Chonnachta sa bhliain 2004. Sa liric shimplí seo, pléann an file an teannas a thagann chun cinn idir lánúin nuair nach bhfuil siad in ann bheith le chéile i rith an ama agus nuair is tábhachtaí sin do dhuine amháin thar an duine eile. Tá contrárthacht shoiléir sa dán idir mianta na beirte, ní amháin in ábhar an dáin agus i nádúr an chaidrimh ach i dteanga an phíosa chomh maith. Is é liriciúlacht na teanga ceann de mhórghnéithe an dáin áirithe seo.

Níl aon ní, aon ní, a stór,
níos suaimhní ná clapsholas smólaigh
i gCaiseal na gCorr,

ná radharc níos aoibhne
ná buicéad stáin na spéire ag sileadh
solais ar Inis Bó Finne.

Is dá dtiocfá liom, a ghrá,
bheadh briathra ag bláthú ar ghas mo ghutha
mar shiolastrach Ghleann an Átha,

is chluinfeá geantraí sí
i gclingireacht na gcloigíní gorma
i gcoillidh Fhána Bhuí.

Ach b'fhearr leatsa i bhfad
brúchtbhaile balscóideach i mBaile Átha Cliath
lena ghleo tráchta gan stad,

seachas ciúinchónaí sléibhe
mar a gciúnaíonn an ceo le teacht na hoíche
anuas ó Mhín na Craoibhe.

[ATS: 80]

71. Nothing, my love

Cathal Ó Searcaigh was born in the Donegal Gaeltacht in 1956. He studied at the University of Limerick and at NUI, Maynooth. He has worked for RTÉ and has been employed as writer-in-residence in a number of third-level institutions and libraries throughout Ireland. Ó Searcaigh has lectured widely and has given poetry readings all over the world. Among the collections of his poetry which have been published are: *Súile Shuibhne* (1987), *Suibhne* (1987), *An Bealach 'na Bhaile/Homecoming* (1993), *Out in the Open* (1997) agus *Ag Tnúth leis an tSolas* (2000). His travel diary, *Seal i Neipeal*, was published by Cló Iar-Chonnachta in 2004. In this simple lyric, the poet addresses the tensions that arise between a couple when they cannot be together all the time and when this issue is more important to one than the other. There is a clear contrast in the poem between the desires of one partner and those of the other and this tension is reflected not only in the content of the poem and the nature of the relationship, but in the language used in the poem too. The lyrical nature of the language used is a significant feature of the piece.

Nothing, but nothing, my love,
is more tranquil than a thrush's twilight
in Caiseal na gCorr,

nor a sight more enchanting
than the tin-bucket sky
spilling light on Inis Bó Finne.

And if you came with me, my love,
words would blossom on the stem of my voice
as wild iris in Gleann an Átha,

and you would hear fairy love-songs
in the chiming of the bluebells
in the woods of Fána Buí.

But a belching Dublin suburb
with its unceasing traffic drone
is more to your liking

than the peaceful mountain-life
where the mist stills all, with night's arrival,
down from Mín na Craoibhe.

[Translation by CMM]

72. Ceann dubh dílis

Pléann an dán cumhachtach seo le Cathal Ó Searcaigh leis an ngrá cosctha. Tarraingíonn an file scéal an chreidimh isteach sa dán lena chur in iúl go dtuigeann sé go bhfuil an cineál grá atá i gceist in éadan rialacha na heaglaise institiúidí agus nach bhfuil beannacht ná séala oifigiúil air. Fágann sin go mothaíonn an file go bhfuil sé féin agus a leannán 'i mbéal an uaignis' ach is léir nach ngoilleann sé sin rómhór air. Léiríonn sé gur tábhachtaí i bhfad dó an caidreamh grá agus gur ar a shon sin a shéanfadh sé gach aon soiscéal.

A cheann dubh dílis dílis dílis
d'fhoscail ár bpóga créachtaí Chríosta arís;
ach ná foscail do bhéal, ná sceith uait an scéal:
tá ár ngrá ar an taobh thuathal den tsoiscéal.

Tá cailíní na háite seo cráite agat, a ghrá,
's iad ag iarraidh thú a bhréagadh is a mhealladh gach lá;
ach b'fhearr leatsa bheith liomsa i mbéal an uaignis
'mo phógadh, 'mo chuachadh is mo thabhairt chun aoibhnis.

Is leag do cheann dílis dílis dílis,
leag do cheann dílis i m'ucht a dhíograis;
ní fhosclód mo bhéal, ní sceithfead an scéal
ar do shonsa shéanfainn gach soiscéal.

[ABB: 140]

72. MY DARK-HAIRED LOVE

This short, powerful poem by Cathal Ó Searcaigh deals with the theme of forbidden love. The poet introduces religion into his examination of the relationship. He understands that the relationship goes against the rules and beliefs of the institutional church and that it has neither the blessing nor seal of approval of the church. The poet and his lover experience a sense of isolation owing to the nature of their love but this doesn't bother either of them unduly. Their affection and passion for each other are what is most important to them and for that alone the poet would 'deny all gospels'.

My dear, dear, dear dark-haired one,
our kisses have once again opened Christ's wounds;
but don't open your mouth, don't say a word:
for our love is on the wrong side of the gospel.

You drive the local girls crazy, my love,
as they try, day after day, to charm and beguile you;
but you'd much rather share with me this isolation
kissing me, hugging me, and bringing on my bliss.

So lay down your dear, dear, dear head,
lay your dear head on my breast, my love;
I will not open my mouth, I will not say a word –
for you would I deny all gospels.

[Translation by CMM]

73. UABHAR AN IOMPAIR

Rugadh Louis de Paor i gCorcaigh sa bhliain 1961. Foilsíodh dánta leis san iris liteartha, *Innti*, ar chaith sé féin tréimhse mar eagarthóir uirthi. Bhí cónaí air san Astráil idir na blianta 1987-96 agus thuill sé gradaim agus duaiseanna éagsúla le feabhas a chuid filíochta. Sa dán seo a leanas pléann an file an grá a bhíonn idir fear agus bean nuair atá an bhean ag súil le leanbh. Cuireann an file suntas sa chaoi a n-iompraíonn an bhean a corp ar bhealach difriúil de bharr go bhfuil sí trom agus a gnáthchruth nádúrtha beagáinín as alt. Tá impleachtaí ann, fiú, don ghníomh collaí agus i gcasadh beag grinn i dtreo dheireadh an dáin, tugann an leanbh sa bhroinn le fios, ar bhealach, go dtuigeann sí a bhfuil ar siúl ach gur gearr go dtógfaidh sí féin áit an fhir sa chaidreamh.

is n'fheadar ná gurb é seo anois
do chruth féin is do chló ceart,
do chom chomh mór le clog ardeaglaise
ag ceiliúradh na dtráth gan riail
ó iarmhéirí go heasparta na fola;

tá do chiotóg buailte le clár do dhroma
mar phrapa le huabhar an iompair,
mar a chuirfeadh fear a ghualainn
le seolchrann báid
is urlár luaineach an tsaoil
ag luascadh féna shála cipín;

nuair an shéideann an doircheacht
ar an mbaile cois mara
mar a maireann mo dhúil,

baineann a hanáil
simléirí na dtithe gallda ar bhóthar na trá;

sínim láimh leat thar an mbruth faoi thír
i lár na leapan is do phaisinéir laistíos
ag gabháil de dhoirne is de bhuillí cos
ar dhoras mo bhoilg, clog cuaiche
atá ag cuntas na laethanta fé dhithneas
sara gcuireann mo chabhail in aer

[AGBR: 205]

73. Pride of bearing

Louis de Paor was born in Cork in 1961. Some of his first poems were published in the literary journal, *Innti*, which he edited for a time. He lived in Australia between 1987-96 and his poetry has won several awards and prizes. In this poem the poet addresses the issue of love in a relationship where the woman is pregnant. The poet initially deals with the different way the woman carries herself because she is heavy and her normal shape is altered by the pregnancy. This has implications even for their love-making. In a humorous twist towards the end of the poem, the child in the womb sends a signal that she knows what is going on and that it won't be long before she herself will displace the poet as her mother's new 'lover'.

and so what if this is the form
that best becomes you,
your belly as great as a minster bell
sounding the irregular hours
from the pulse of matins
to the blood of evening;

your left hand in the small
of your back keeps your pride
on an even keel, as a man might lean
against the mast of a ship
while the giddy floor of the world
heaves beneath his matchstick heels;

when night-time storms
the seaside town
where lust has run aground,
the breath of darkness topples chimneys
from the garrison houses on the prom;

I reach across the wreckage
thrown up on the bed,
as your stowaway below
beats with fists and feet on the door
of my belly, a cuckoo clock
counting the shortening days
until her time strikes and she blows me away

[Translation by Louis de Paor, AGBR: 204]

74. Scáilbhean

Rugadh Colm Breathnach i gCorcaigh sa bhliain 1961 agus d'fhreastail sé ar Choláiste na hOllscoile, Corcaigh. Tá cónaí anois air i Léim an Bhradáin, Co. Chill Dara. Chaith sé tamall de bhlianta ag obair mar Rúnaí ar an gCoiste Téarmaíochta agus anois tá sé ar fhoireann Rannóg an Aistriúcháin, Tithe an Oireachtais. Tá duaiseanna gnóthaithe ag a chuid filíochta i gcomórtais éagsúla liteartha agus tá roinnt cnuasach foilsithe aige: *Cantaic an Bhalbháin* (1991), *An Fearann Breac* (1992), *Scáthach* (1994), *Croí agus Carraig* (1995), *An Fear Marbh* (1998) agus *Chiaroscuro* (2006). Sa dán seo nascann an file áilleacht an nádúir agus áilleacht na mná go dlúth ina chéile. Tarraingíonn sé ar phríomhghnéithe mealltachta an tsaoil seo chun cuidiú leis cur síos cruinn beacht ar nádúr áilleachta na mban agus, go hindíreach, ar áilleacht iomlán an chruthaithe idir dhuine agus dhomhan. Treisíonn an easpa poncaíochta sa dán an tsaoirse agus an saorshruth a bhaineann leis mar phíosa.

faighim do bholaithe ar an ngaoth
cumhracht ón bhfraoch

chím imlíne do thaoibh i measc na sléibhte

an ghrian órga ag éirí os a gcionn
is í sin gile do shúl

is mó ná bean tú
is tú an uile bhean

do dhá láimh timpeall ar mo cholainn
ar an dtocht san oíche

agus d'anáil ar chúl mo mhuineáil
siosadh na gaoithe i nduilliúr suain

mórtas farraige do dhá mhama gheala
is iad ag éirí faoin tsíoda gorm

i lár tionóil is adhmaint lómhar tú
a aomann dearca an uile fhear

scáil tú a bhogann mar is áil leat
tré thaibhrthí cráite na mílte gealt

a chonaic tú aon uair amháin
is a chíonn tú gach aon lá ó shin
le héirí na gréine is lena dul faoi

d'imlíne á léiriú
mar scáth i measc sléibhte
do chumhracht ag teacht chucu
ar an ngaoth ón bhfraoch

[Scáthach: 71]

74. Shadow-woman

Colm Breathnach was born in Cork in 1961 and he studied at University College, Cork. He now lives in Leixlip, Co. Kildare. For some years he was Secretary to the Terminology Committee and is now on the staff of the Translation Section in the Houses of the Oireachtas. His poetry has won prizes in various literary competitions and among his published collections are: *Cantaic an Bhalbháin* (1991), *An Fearann Breac* (1992), *Scáthach* (1994), *Croí agus Carraig* (1995), *An Fear Marbh* (1998) and *Chiaroscuro* (2006). In this piece the poet links the beauty of nature and the beauty of women intimately with one another. He draws on the most attractive aspects of nature in our world in order to help him describe more fully and completely the nature of female beauty. Indirectly, therefore, he manages to celebrate the beauty of all human creation, both human and natural, at once.

I get your scent on the wind
perfume from the heather

see your side outlined in the hills

the golden sun rising above them
is the brightness of your eyes

you are more than a woman
you are all women

your arms about my body
on the bed at night

your breath on the back of my neck
the wind rustling sleeping foliage

the swell of your white breasts
rising beneath blue silk

at a gathering you are adamant
attracting glances from every man

a shadow moving as you please
through the demented dreams of a thousand men

who saw you once
and see you every day since
at sunrise and sunset

your profile defined
as a shadow in the hills
your perfume carried
from the heather on the wind

[Translation by Colm Breathnach, JS: 254]

75. An Grá

Colm Breathnach

Is gné thábhachtach i bhfilíocht an Bhreathnaigh an áit agus mothú na háite agus is amhlaidh sin anseo. Samhlaíonn an file an grá mar áit chinnte agus nascann sé eilimintí an ionaid le nádúr an ghrá féin. Ach ní ionad fisiciúil simplí amháin atá i gceist leis an ngrá mar tá glaoch láidir aige ar na céadfaí agus sin an rud a fhágann meafar na háite chomh cruinn sin mar chur síos ar an ngrá.

Baile is ea An Grá
go ngabhann tú thairis ar do thuras.

Ar an mám duit
chíonn tú thíos uait é
le hais le loch sáile –

an caidéal glas
ar an gcrosbhóthar taobh thuas dó,

na páirceanna is na garraithe thart air
i mbarróga na bhfallaí cloch dá bhfáisceadh,

oifig an phoist go mbíonn muintir na háite
istigh ann i mbun gnó is ag cadráil,

an dá thigh tábhairne
ar aghaidh a chéile amach beagnach
go mbíonn ceol i gceann acu oíche Shathairn

is sa cheann eile ar an nDomhnach, do ghnáth.

Áit is ea An Grá
ná fuil ar léarscáileanna turasóirí,

go ngabhann tú thairis ar d'aistear
is a fhágann bolaithe na feamainne id pholláirí.

[CC: 59]

75. Love

Colm Breathnach

Place and a sense of place are highly important features of the poetry of Colm Breathnach and that is clearly evident in this poem. The poet imagines love as a specific place and he intermingles elements of that place with some observations on the nature of love itself. However, love is not just simply a physical place or space because it appeals to the senses too and using the metaphor of place in describing the nature of love is very apposite.

Love is a town
you go by on your journey.

On a mountain pass
you see it below you
by a sea lough—

the green pump
at the crossroads above it

the fields and gardens around it
clasped in the embrace of stone walls,

the post office where the locals
do business and gossip

the two pubs
almost opposite each other
there's music on Saturday nights in the one
and in the other most Sundays.

Love is a place
that's not on tourist maps,

a place you go by on your journey
and that leaves the smell of seaweed in your nostrils.

[Translation by Colm Breathnach]

76. An Chloch Leighis

Rugadh Gearóid Mac Lochlainn i mBéal Feirste sa bhliain 1967 agus is céimí é de chuid Ollscoil na Banríona. Tá dhá chnuasach filíochta foilsithe i nGaeilge aige, *Babylon Gaeilgeoir* (1997) agus *Na Scéalaithe* (1999), chomh maith le tacar dátheangach dánta dá chuid, *Sruth Teangacha / Stream of Tongues* (2002). Bronnadh Gradam Michael Hartnett, Gradam an Bhuitléaraigh agus Gradam Eithne & Rupert Strong ar an saothar áirithe sin. Is ceoltóir cumasach é, fosta, agus is minic a bhíonn a chuid ceoil le cloisteáil ag na léamha cumhachtacha a dhéanann sé. Pléann an file sa dán thíos leis an dóigh ina léiríonn beirt tacaíocht dá chéile i gcaidreamh agus leis an gcaoi a bhfuil eilimintí fisiciúla agus mothálacha a ngrá riachtanach mar bhonn don chaidreamh.

Dúirt tú liom
gur mhaith leat
cloch leighis,

go n-inseofá
do léan is do liach,

go dtógfadh sé
an trombhuairt
i do bhrollach,

   go scaipfeadh sé
   cneácha an scáthshaoil.

   D'éist mé le gach focal,

   thuig mé an brón
   ar do bheola.

   Is, a stór,
   bheinn mar lia leighis
   ach dhéanfainn droch-chloch,

   mar tá fuil theasaí
   ag bualadh istigh duit,

páis mar réaltaí
ag pléascadh duit,

is ní féidir a rá
nach mbrisfinn i mo smionagar,
nach dtitfinn i lionn dubh leat,
nach dtitfinn
dúnta
i ngrá
leat.

[ST: 144]

76. Healing stone

Gearóid Mac Lochlainn was born in Belfast in 1967 and is a graduate of Queen's University. He has published two collections of poetry in the Irish language, *Babylon Gaeilgeoir* and *Na Scéalaithe*, as well as a bilingual selection of his work, *Sruth Teangacha / Stream of Tongues*. This collection won the Michael Hartnett Award, the Butler Award and the Eithne & Rupert Strong Award. He is a gifted musician who often combines his powerful readings with musical interludes. This poem deals with the way that two people can be a support for one another in a relationship and how the physical and the emotional elements of their love are necessary for a rounded stable existence.

You said
you wanted a healing stone,

so that you could whisper
your sorrows and woes,

that it would ease
the trouble
in your heart,

smooth away
the hurt of a life cleft with shadow.

I weighed every word,

tasted the grief
on your lips.

I could be a healer, a physician,
but an unsure plinth,

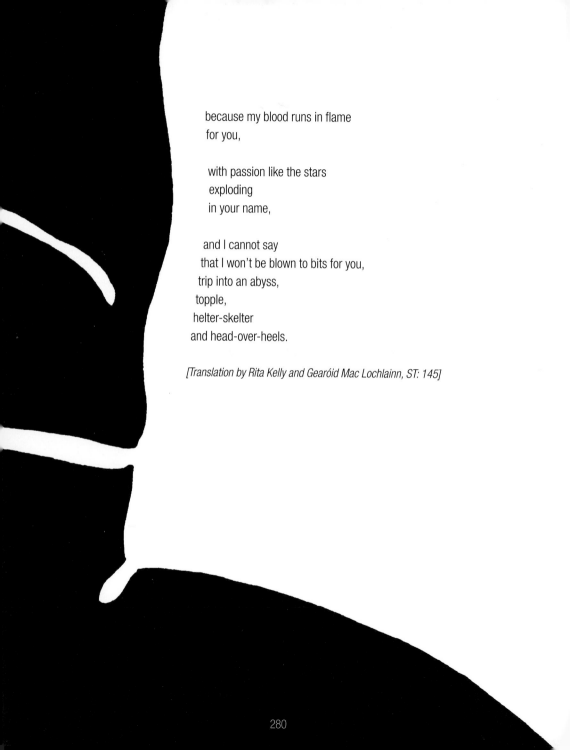

because my blood runs in flame
for you,

with passion like the stars
exploding
in your name,

and I cannot say
that I won't be blown to bits for you,
trip into an abyss,
topple,
helter-skelter
and head-over-heels.

[Translation by Rita Kelly and Gearóid Mac Lochlainn, ST: 145]

Ciarán Mac Murchaidh
eagarthóir / *editor*

Léachtóir Sinsearach i Roinn na Gaeilge, Coláiste Phádraig, Droim Conrach. Spéis aige i múineadh na gramadaí agus i litríocht chráifeach an 18ú haois. Roinnt mhaith ábhair foilsithe ar na réimsí sin in irisí acadúla aige.

Senior Lecturer in the Department of Irish at St Patrick's College, Drumcondra. Main interests lie in the teaching of grammar and in 18th century religious literature. Has published widely on these areas in academic journals.

A N N A N I E L S E N
maisitheoir / *illustrator*

Ina cónaí in Éirinn ó 1965. Íomhánna agus Focail á gcumasc aici mar Scáthchruthanna daonna ina cuid líníochtaí dúigh i ndubh is i mbán.
www.annanielsen.com

Resident in Ireland since 1965 her black and white drawings in pen and ink combine Images with Words and feature the Silhouette people.
www.annanielsen.com

Tá saothar Anna Nielsen le feiceáil ar www.annanielsen.com

To see Anna Nielsen's work please visit www.annanielsen.com